PHP
Business Shinsho

イライラ・モヤモヤする
今どきの若手社員のトリセツ

Atsunori Hiraga
平賀　充記

JN110374

PHPビジネス新書

はじめに

なんかイライラモヤモヤする……

なんだかあっさりしてて、どこにヤル気スイッチがあるのか分かりにくい。
よかれと思ってアレコレ指導すると、逆に「上司ガチャ」とか言われる。
打たれ弱いから、取り扱いにめちゃくちゃ気を遣う。飲み会も嫌がる。
そこまで気を遣っているのに、平気な顔して、いきなり辞めると言ってくる……。

あー、イライラする！　モヤモヤする！
あなたの職場には、こんな若手社員、いませんか？
心当たりのある方、ぜひこの本を読んでみてください。

このイライラモヤモヤの正体とは……。

「自分の職場にいる若手には、そりゃ成長してほしいでしょ」

こんなふうに、組織に属する先輩なら当たり前だといったような声もあるでしょう。

「成長してもらわないと部署の成績があがらない。自分の評価にも関わる」

そんなふうに、もっと率直に仕事の成果を意識した声もあるでしょう。

どちらにしても、若手社員を育てないといけないという気持ちから発した言葉です。


確かに、若手の育成は組織における重要なテーマです。社会人として年季が入った人ほど、この意識が高まっているはず。一方で、年々、若手の育成が難しくなってきている。こんな声もよく聞きます。育成しなきゃいけないのにうまくいかない。これがイライラモヤモヤする一因であることは、疑いようがありません。


しかし、もっとシンプルというか、もっと本能的というか、一人の人間として感じる負の感情が、その根底にありませんか。

まっとうなビジネスパーソン脳を、玉ねぎの皮を剥《む》くように剥いていくと、結局のところ、**イライラモヤモヤの震源は、我々オトナが感じてしまう「今どきの若いヤツは**

……」という心の声なんじゃないか。そう思うのです。

マネジメント指南じゃなく、スッキリしてほしい

前置きが長くなってしまって恐縮です。

しかし、こうして職場に渦巻くイライラモヤモヤを整理すべく、自問自答したことこそが、この本を書きたいと思った気持ちの源泉なのです。


筆者は、仕事上の守備範囲からも、人材育成やチームビルディングといった視点で、職場やそこで働く人を眺めていることがほとんどです。だから、提供するノウハウや発信するアウトプットは、自然と「組織マネジメント」の前提に立ったソリューションになってしまいがちです。

しかし、そんな自分だって、いまだにイライラモヤモヤすることがあります。

だからこそ、その正体について、改めて自問自答するに至ったのです。たどり着いた答えは前述の通り、「今どきの若いヤツは……」という単純な感情でした。

衝動的に感じるイライラ。なんとなく腑《ふ》に落ちなくて、ずっと霧が晴れないモヤモヤ。怒鳴りたくなるくらい腹立たしいこともあれば、中には、口に出すほどではないようなこともあります。レベル感はいろいろあるにせよ、ひとつだけ言えるのは、この時代、イライラモヤモヤを吐き出すことが、なかなか難しいということです。

その昔、もっと理不尽な発言がある程度まかり通っていた時代であれば、イライラモヤモヤしたとしても、発散しやすかったはずです。しかし、このご時世、ものすごく気を遣って発言していても、いつ自分が「パワハラ」の当事者になるか分かりません。

負のエネルギーを放出できない……。

ここまで我慢を強いられているのは、令和のオトナだけなんじゃないでしょうか。

溜め込むしかなくて、オトナの脳内でギュっと凝縮されていく。かつてないイライラモヤモヤの塊《かたまり》を、本書では「イラモヤ」と呼ぶことにします。

そんな「イラモヤ」から、すべてのオトナ世代を解放したい。

こういう思いから、筆者はこの本を書きました。

だから、本書は、若手社員の「マネジメントに携わる管理職」のための「ノウハウ指南本」ではありません。もっともっと普通に、**今どきの若手社員に関わる「すべてのオトナ」が、「職場で少しでもスッキリできる本」**を目指しています。

いたずらに世代間の対立を煽るわけではなく

自己紹介が遅くなりました。

筆者は、人材開発や組織開発の分野で、若者の「採用」「育成」「定着」「活躍」などについて、多くの企業に対してコンサルティングを行っています。また、若者の価値観や行動原理について、多くのメディアに寄稿させていただいています。

キャリアの大半はリクルートで過ごしました。『FromA』や『タウンワーク』といった求人メディアの編集長を歴任し、その時代ごとの若者の価値観に触れてきました。

基本的に若者にシンパシーがあるんですよね。リクルート卒業後も、いくつもの若者コミュニティとつながり、若者の仕事観を調べることはライフワークとなりました。

さて、ここで少し「今どきの若手社員」と「オトナ」の前提を整理させてください。

この本でいう「今どきの若手社員」とは、Z世代（序章の24ページで改めて解説します）を中心とした若者たちを指します。しかし、何年生まれ以降などと明確な定義をするのではなく、やや概念的な捉え方をしています。

また、「オトナ」とは、部下である若者に指揮命令を下す上司、あるいは後輩にあたる若者に接する先輩社員たちのこと。若手社員に対して、上の立場からコミュニケーションする世代として、抽象度をあげて、あえて「オトナ」としてひと括りにしています。

世代の違いがすべてのコミュニケーションストレスの原因ではないことは、筆者も理解しています。オトナな価値観を持った若者もいれば、若々しい考えのオトナもいますよね。いたずらに「若手社員vs.オトナ」を煽《あお》るつもりはありません。

しかし、職場に渦巻くイラモヤを取り上げながら、その解消法を模索していくうえでは、ざっくり「若手社員」と「オトナ」としたほうが、やっぱり分かりやすいんですよね。

そういった観点から、あえて世代論的な捉え方に立脚して本書を書き進めたことを、ここで先に申し上げておきます。

ストレスが減る。そしてうまく付き合えるようになる

さて、我々オトナの脳内に渦巻くイラモヤをどうやって解消していくか。

まずは一回、自分たちのイラモヤを引いて眺めてみようと思います。

そもそもイラモヤは感情です。直感的に脳内に発生する負の気持ちを客観視してみる。これは、イラモヤを解消していくうえで、極めてシンプルでありながら、極めて有効な第一歩です。


イラモヤする原因は、我々オトナの考えと今どきの若者の行動のすれ違いによるものがほとんど。そのすれ違いについて、**こっちの言い分、あっちのホンネを客観視して、冷静に分析してみる**のです。すると、実はイラモヤにもいくつか種類があることが分かってきます。そうやって仕分けていくだけで、ある程度おさまるイラモヤもあります。

そのうえで、残ったイラモヤに対して解消法を模索していきます。

いささか対処療法的な打ち手から、本質的な概念の提示、あるいは、ここはあきらめるしかないといった示唆まで、どう対応すべきかを個々にお伝えしていきます。

少しでもストレスを解消でき、ちょっとはラクな気持ちで働けるようになりそう。そう感じていただけたら、本書の目的は達成されます。なのですが、付録的に終章を設けました。終章では、**若手社員の一人ひとりがイキイキと働き、組織に活力をもたらすコミュニケーションメソッド**について、体系的に解説させていただきます。

イラモヤを解消するというのは、言ってみれば「マイナスをゼロ」にするための対策です。若者とのコミュニケーションについて、もう少し本質的に理解できれば、彼らとの関係性を「ゼロからプラス」に転じていくことができる。そう考えたのが終章を設けた理由です。

ストレスが減るだけでなく、うまく付き合えるようになる。
そこに、「今どきの若手社員のトリセツ」の本当のゴールが待っています。

イライラ・モヤモヤする
今どきの若手社員のトリセツ

目次

序章　なぜ、今どきの若者にこんなにもイライラモヤモヤしてしまうのか

第1章

「ビミョーに上から目線」な若手社員のトリセツ

個性が大事って
いうけど、なんか自分勝手
なんだよなぁ

第2章

「すぐに折れるし、褒め方も難しい」若手社員のトリセツ

なんか、めんどくさいんですけど……

第3章

「それってやる意味あります？が口癖」の若手社員のトリセツ

生産性とかコスパとか、
そんなに無駄が
嫌いですか？

第4章

「人生100年時代なのに、なぜだか生き急ぐ」若手社員のトリセツ

第5章

「ＩＴ関係に疎いと露骨に嫌な顔をする」若手社員のトリセツ

デジタルすぎるのも、
どうかと思うよ

終章

イラモヤ解消を超えて、もっとうまく付き合いたいなら

序章

なぜ、今どきの若者に
こんなにもイライラモヤモヤ
してしまうのか

「今どきの若いヤツは」論は太古の昔からあった、と言われるけど

実は、「今どきの若いヤツは……」というオトナの嘆きは、今に始まったことではありません。なんと最古の例は約5000年前の古代エジプトにまで遡ると言われます。遺跡の壁画に、象形文字で「最近の若者はけしからん。俺が若い頃は……」と彫られていたらしいのです。なんと、古代エジプトのオトナもイラモヤしていたんですね。

「今どきの若いヤツは」論が、人類史が始まった頃から存在していた――。

つまり、古今東西いつの時代にも、こういう議論が交わされていたわけです。ということは、オトナにとってのイラモヤは、極めて普遍的な問題であるとも言えます。

しかしながら、**令和の職場を生きる我々オトナが感じる「今どきの若いヤツは……」というイラモヤは、先人たちのそれとは明らかに一線を画す。**筆者はそう思うのです。

それはなぜか。

その理由のひとつは、本書の冒頭でもお伝えしたように、オトナにとってイラモヤを吐き出すことが難しくなったこと。放出できずに凝縮されていく現代のイラモヤは、古代エジプトのそれと比較しても、おそらく格段に高密度で重たいストレスの塊でしょう。

もうひとつは、イラモヤの原因となる「オトナと若者のすれ違い」のレベルが変わってきていること。いわゆる**ジェネレーションギャップが、大袈裟ではなく「世代の分断」と言ってもいいくらい、一段ギアが上がっている**んじゃないか、と思うのです。

この序章では、「イラモヤの素《もと》＝オトナと若者のギャップ」について、俯瞰《ふかん》的に考察してみます。「なぜ、今どきの若者にこんなにもイライラモヤモヤしてしまうのか」を構造的に理解しておくほうが、個々のイラモヤ解消の土台になると思うからです。

もちろん、イラモヤ場面やその解消法を早く知りたいという方は、序章を飛ばして第1章に進んでいただいてもかまいませんが、よろしければ、少しお付き合いください。

1　絶滅の危機に瀕する昭和スタイル

沈滞ムードの中で生まれてきた世代

まずは、若者が育ってきた時代背景を振り返ってみましょう。

今どきの若手社員を代表する世代は、ジェネレーションＺ（Ｚ世代）と呼ばれています。１９９０年代中盤以降に生まれた世代（厳密には１９９７年生まれ以降とする説もあります）で、日本においては、つい最近社会人デビューした世代です。

当然のことながら、生まれた時代によって人が成長する環境は大きく異なり、それぞれの人格形成や趣味趣向、考え方に影響を及ぼします。

１９９０年代初頭にバブル経済が崩壊。１９９７年の金融危機。２０００年には大卒求人倍率が1を切ってしまう就職超氷河期となりました。2008年にはリーマンショックが起き、世界経済は大混乱。日本も大きな打撃を被りました。

また、自然災害や大きな社会不安をもたらす事件も多発。1995年の阪神大震災、オウム事件、2011年の東日本大震災。そして2020年に突如として我々を襲ったコロナ禍は、いまだ出口が見えません。

・今のところ不自由がないため、上昇志向が生まれにくい
・しかし、これから豊かになっていく実感はない。だから未来への明るい展望もない

こういった沈滞ムードの中で世に出てきたのが、今どきの若手社員、Z世代です。

彼らは、高度経済成長期やバブル経済期を経て、豊かになった時代に生まれながらも、日本経済の低迷期に育ちました。

だからか、**地位や金銭への執着が少なく、安定した生活を求めがち。極めて「現実的」な思考**が身についています。

「温室のような学校社会」から「弱肉強食のビジネス社会」へ

また、今どきの若者が受けてきた教育システムも、彼らの価値観に影響を与えた大きな要因のひとつです。

少子化が進み、大学も高望みしなければ、必ずどこかに合格する全入時代。一流大学を目指すごく一部の人を除いて、大学受験で浪人する人も少なくなっています。（ことさらに熾烈すぎる受験戦争を支持するわけではありませんが）一所懸命、泥臭く頑張る。あるいは頑張ったけど挫折した。こうした**タフな経験が減っている**のは明らかです。

また最近の学校生活では、生徒が休みたいと思ったり、親が休ませたいと思ったら、簡単に休めるような風潮です。決して無理強いをしません。

よほどのことがない限り、休んではいけない！　そんな常識で育ってきた昭和世代の我々オトナからすると、「?」じゃないですか。

ゆとり教育世代以降では、「自ら考え、主体的に判断・行動すること」を重視した教育へ方向転換しています。授業量が減ったことばかりに目が行きがちですが、「なんでもかんでも従順に従うことはしない」子どもを育てていったわけです。

競争のない温室のような学校社会から、弱肉強食のビジネス社会へ。

上意下達を廃した学校社会から、理不尽極まりないビジネス社会へ。

こんな世界にいきなり飛び込むわけですから、今どきの若者にとっても、気の毒な話ではあります。とはいえ、そうした教育のツケを払わされるのは、結局、企業側です。

昭和の時代は、穏やかな若手はだいたい従順でしたし、従順じゃない若手はアグレッシブでギラギラしていました。極端に言うと前者はヒツジ的で後者はオオカミ的。ある意味、分かりやすかったですよね。

一方で、**今どきの若者は、穏やかであっさりしているのに、従順でもない。**

分かりにくいし、めんどくさいことこの上ない。そんな若手社員の面倒を見なければいけないのは、我々オトナなのです。そりゃイラモヤもしますよね。

2　デジタルの進化でオトナのメンツが……

今どきの若者は、生まれたときからネットがあった

今どきの若者は、デジタルネイティブと呼ばれます。

彼らが育ったデジタルワールドには、高速インターネット、スマートフォン（スマホ）、ビデオ・オン・デマンド（VOD）、さまざまなゲーム機器、そしてSNSが当たり前のように存在しています。

かつて情報はとても貴重でした。

しかし、**スマホを常に持ち歩き、24時間常時接続の世界で生きている若者**にとって、情報はいつでも簡単に手に入ります。

分からないことがあればすぐにググる。参考資料が必要になれば、Amazonでポチ

る。最近では、InstagramやTwitterのハッシュタグをたどってタグる。

彼らの頭の中に、情報が蓄積されているわけではありません。自分の脳に外付けハードディスクドライブを持っている、あるいはインターネット自体が自分のクラウドストレージみたいなものといった感覚でしょう。自前の知識が豊富かどうかなどは、もはや意味をなしません。

今までのオトナの武器が通用しない

一方で、我々オトナ世代は、オトナになってデジタルツールを使わざるをえなくなった世代。デジタルネイティブに対して、デジタルイミグラント（デジタルの世界に強制移住させられた人）と呼ばれることもあります。

生まれたときから英語を聞きながら育った人と、大人になって英会話スクールで学んだ人との英語力の差。それと同じくらいの格差があるわけです。

その格差は、**職場におけるオトナの「経験値」という価値を奪っていきました。**

分かりやすく言えば、若者はテクノロジーの力で、オトナが培ってきた経験や知識を、軽々と飛び越えていくということです。

オトナが、これまでの経験をベースに渾身の企画書を作り上げたとします。しかし若者は、ネット上にある情報やテンプレートを駆使して、同レベルの企画書を簡単にゲットできてしまいます。デザインなどの見た目は、もはやそっちが勝ってるくらいです。

だから極端な話、積み上げた知識が１００あっても、テクノロジーを使いこなす力が10しかなかったら、若者から見ると「仕事ができない人」と同義だったりするわけです。これでは仕事における優位性は保てません。

ただでさえ、これまでの上下関係が通用しにくい世の中なのに、**デジタルツールを使いこなせないことで、よりメンツを保ちにくくなる。**これは、我々オトナ世代にとって、ぶっちゃけキツいですよね。これはこれで、イラモヤが増える大きな原因です。

デジタルツール年表

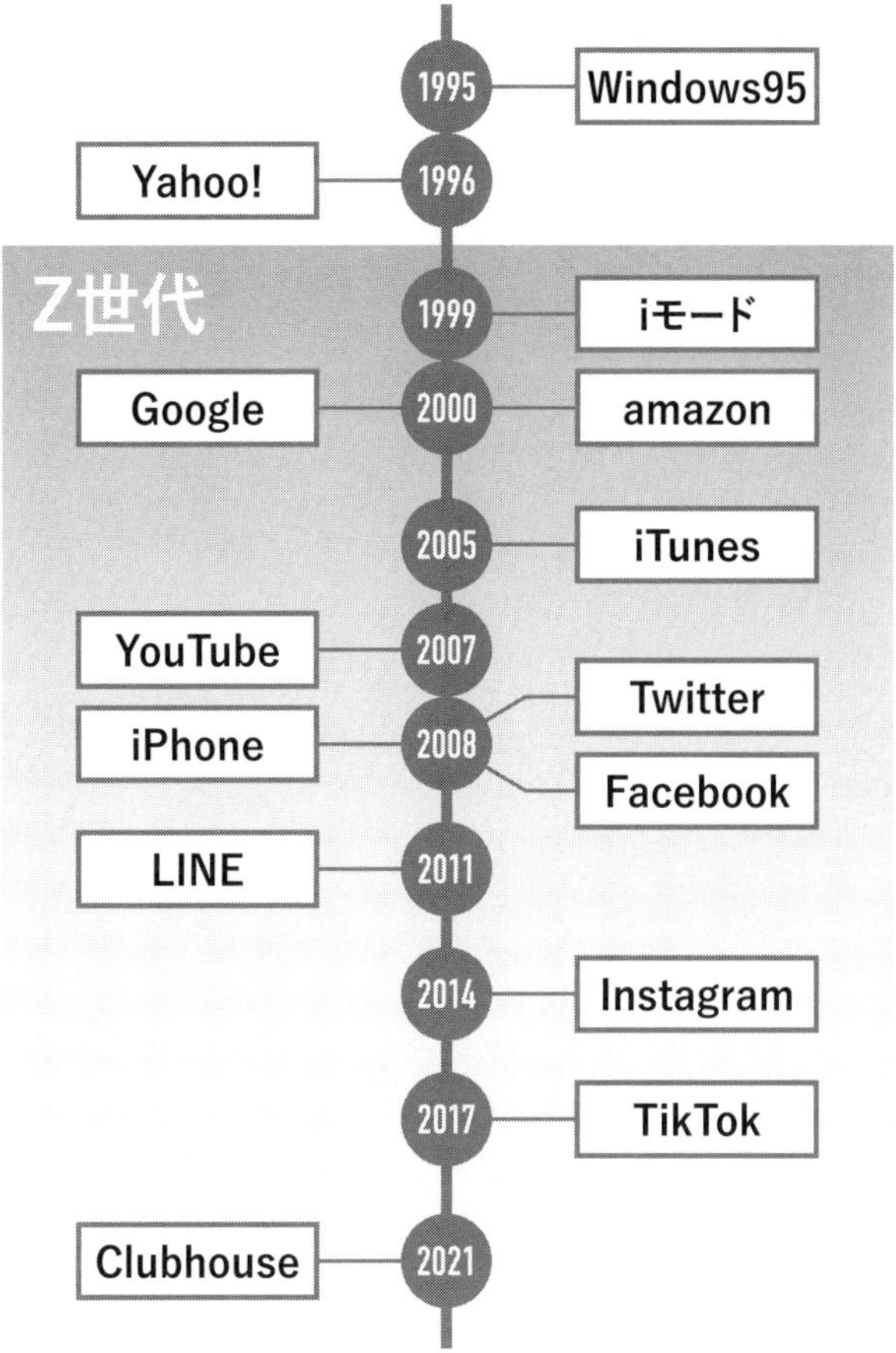

※すべて日本におけるサービス開始年を表記しています

SNSの住人は、生きる時代だけでなく生きる空間も違う

また、今どきの若者はソーシャルネイティブとも呼ばれます。

彼らは、「SNS社会」とでも言うべきオンライン空間に生活の大きな比重を置いて生きています。開放されたオンライン上で仲間を見つけ、そこを住み処《か》とする。生活基盤のデフォルトは、もはやオンラインにあります。

SNSは、言うまでもなく、他人の投稿を見る、自分で投稿する、そして投稿に「いいね！」を送り合ったりすることで成立しています。これは「見て見られ」という、ある意味相互監視的な機能が内包されていることを意味します。

今どきの若者は、こうした中でSNS上のお作法を覚えながら、人間関係を構築してきました。逆に、この「なんとなく共有されている使い方」を逸脱してしまったときに、仲間外れになるリスクが発生します。このように、ルールというかマナーみたいな

ことを守っているかどうか、若者たちは常にお互いに監視し合っています。
「ここに住むなら決まりを守ってね」というある種の同調圧力と暗黙の掟に支配される。**開かれているはずのＳＮＳは、実は江戸時代の「村社会」に酷似**しています。
これは若者の行動原理に極めて大きな影響を与えています。そして、これこそが、我々オトナから見て、若者を理解しにくくしている大きな要因のひとつなんです。

我々オトナ世代も、ＳＮＳは日常的に使います。でもＳＮＳをツールとして使ってはいるけれども、考え方や価値観はリアル社会を前提にしていますよね。基本的に「オフラインの住人」なのです。

これまでのオトナと若者のギャップは、結局のところ、生きる「時代」の違いでした。時代が進み、技術革新が進む。それが世代間ギャップを生む。ざっくりまとめると、こういう構図でした。しかし**今の時代、両者は生きる「時代」だけでなく、生きる「空間」まで異なっている**のです。

3　さらに世代間ギャップを広げたコロナ禍

会社に依存して働くほうがリスクという若者

筆者が主宰するツナグ働き方研究所では、２０２１年、Ｚ世代を対象に「コロナ禍を経験したうえでのキャリア観」についての調査を行いました。

「自身のキャリアを考えた際、どんな働き方をしたいか」という質問に対して、安定した1社でずっと働きたい「安定派」は41・1％。

一方で、1社をコアとしながら空き時間に副業をして収入を安定化させたい「副業派」と、1社にしがみつくのは不安だから複数の会社で働きたい「複業派」は合わせて37・6％。４割近くが副業や複業といったパラレルな働き方を志向しています。

社会が不安定な時代は、保守的な考えが広がってもおかしくありません。

ましてや、先述のように、今どきの若者は超現実的思考の持ち主です。それなのに、なぜ「むしろ1社に依存することのほうがリスク」という考えになるのでしょうか。

会社や職場への帰属意識が希薄になってきている。筆者はそう感じています。コロナ禍によって、一気にテレワークが広がったのは、ご存じの通り。対面で仕事をすることが激減しました。**物理的なつながりが薄れていくことで、精神的なつながりも薄まっていく。**こうした働き方が、若者の仕事観を大きく揺さぶったんだと思います。

働く場所と時間がほどけていく

「ギグワーカー」という働き方も注目を集めています。

ギグとは、そもそもジャズやロックのミュージシャンが一晩限りの契約でライブ演奏に参加することを指していました。そこから転じて、雇用されるのではなく、単発的に働く人たちを「ギグワーカー」と呼ぶようになりました。

クラウドソーシングという働き方、インフルエンサーという職業の広がり、ウーバーイーツに代表されるギグワーカーの台頭。オトナ世代からするとイメージしにくいものの、若者にとっては「職業」として捉えられる仕事がいろいろ登場しています。

サラリーマン兼ブロガー兼ウーバーイーツ配達員兼ユーチューバー。

こんなふうに、**ひとつの会社に依存せず、ひとつの仕事にとらわれず、空いた時間を使って複数の仕事をこなしていく。**こうした流れは、否が応でも企業や組織への帰属意識を希薄にしていきます。

我々オトナは、会社に滅私奉公することで評価される時代を生きてきました。

「会社への帰属意識が薄い」「他の会社で副業をしたい」という若者の価値観は、「会社への忠誠心」が極めて重要だと考える世代にとっては、イラモヤしてしまう大きなポイントに他なりません。

4　かつてないくらいのイラモヤ、どうする？

加速度化と3D化するジェネレーションギャップ

社会の変化によって生じるジェネレーションギャップが、我々オトナのイラモヤの素になっていると、改めて痛感させられますよね。

そのジェネレーションギャップが、もはや「世代の分断」レベルに達している。この章の冒頭で、筆者はそうお伝えしました。

ここで、そのふたつの構造的要因について考察してみましょう。

1つ目は、**ジェネレーションギャップの「加速度化」**です。

特にデジタル問題。新しいデジタルツールを積極的に使いこなす若者と、苦手意識からどんどん置いてきぼりになってしまうオトナ。

こうしたデジタルリテラシーにおけるジェネレーションギャップは、加速度的に進化する技術革新に比例して、今も加速度的に広がっています。

また、コロナ禍によって、10年後の未来が一気に到来したとも言われています。予想もしなかった状況への対応力においても、オトナと若者では大きな隔たりがあるわけです。これも、ギャップを加速度的に広げている一因です。


2つ目が、**ジェネレーションギャップの「3D化」**です。

SNS社会に重きを置くオンラインの住人（＝若者）と、従来型のオフラインの住人（＝オトナ）。すでにお伝えしたように、今の時代、両者は生きる「時代」だけでなく、生きる「空間」まで異なっているのです。

時空間にわたるギャップ、まさにギャップの3D化です。住んでる世界が違うんですもん。そりゃすれ違いますよね。

さぁ、イラモヤを解消していきましょう

しかし、冒頭にもお伝えしたように、ものすごくイラモヤするストレスの塊も、ちょっと遠くから眺めてみると、客観的に捉えることができます。そしてイラモヤを仕分けしていくだけでも、ちょっとスッキリします。

その気持ちの変化について、イラモヤのパターンに沿って具体的にお伝えしましょう。

①若者の考えが分かることで消えていくレベルのイラモヤ

「ああ、あいつこんなこと考えてたんだな」と、若者の深層心理が見えてくれば、**共感の接点が生まれます。何より彼らに気を遣う局面が減ります。**「何か不満があるのかもしれない、パワハラと思われているかもしれない」といった〝見えない敵〟と戦わなくてよくなるからです。

これだけでもイラモヤは相当減少します。

②ここは譲りたくない、分かってほしいなぁというイラモヤ

イラモヤを客観視して彼らの価値観に触れたとしても、もちろん受け入れられないことも多々あります。むしろ、そっちのほうが当たり前です。

これを解消するには、若者と折り合いをつけるしかありません。ここは、少しだけ接し方を工夫していきましょう。

なぜイラモヤするのかを**客観視して構造的に理解することで、その接し方のヒントが見えてきます。**そこからお互いが歩み寄ることができれば、かなりスッキリしますよ。

③実は、これは自分の問題だったのかと気づかされるイラモヤ

人間、痛いところを突かれると、つい態度を硬化させてしまう生き物です。分かっちゃいるからこそ余計イラモヤする。そんなことも相当ありますよね。

ここはやはり真摯に向き合うしかありません。これを機に自分をちょっとアップデートしてみましょう。

もちろん、最後まで解消されないイラモヤもあると思います。若者との考えの違いで埋まらないギャップも、間違いなくあるでしょうから。しかし、**イラモヤの正体を冷静に理解できれば、あきらめどころも分かってきます。**

さて、いよいよ次の章からは、職場に発生しがちなイラモヤ場面を具体的に取り上げます。我々オトナが感じるイラモヤを解消していく旅に、一緒に出掛けていきましょう。

第1章

「ビミョーに上から目線」な若手社員のトリセツ

個性が大事って
いうけど、なんか自分勝手
なんだよなぁ

①職場の電話に出ないと仕事にならないでしょ

オトナのイラモヤ

おいおい、オフィスにいてかかってきた電話に出ないって、それじゃ仕事にならないでしょ。いや、スマホ世代ってのは知ってますよ。だけどさ、自分が若い頃なんか、電話は新人が出るものだっていうのが常識だったよ。むしろ、3コール以内に出ないとドヤされてたもんだけどねえ……。

若手社員のホンネ

すいません、ウチ固定電話ないんで、電話に出る習慣がなくて。誰からかかってきたか分からない電話に出るって、やったことないんで。親からも知らない人の電話に出るなって言われて育ってきたし。職場の電話が鳴るのって、ぶっちゃけ怖いっすよね。

新入社員が会社の電話をとらない。

最近でこそ、この問題に対してイラモヤを感じるオトナはだいぶ減ってきました。それは、今どきの若者にとっての電話事情が、徐々に理解されるようになったからです。


我々オトナが子どもだった頃には、当然のように固定電話がありました。親にかかってきた電話の様子から、見ず知らずの人への挨拶、身内の呼び方、取り次ぎ方を自然に覚えました。親の言葉づかいから、敬語の使い分けなどを学んできたとも言えます。


しかし、**物心ついたとき、すでに家に固定電話がなかった**という若者も少なくありません。自分のスマホを持って育ってきた世代なのです。

そんな彼らの電話コミュニケーションは、誰からかかってきているか表示されるのがデフォルト。出るか、出ないかも自由だし、「もしもし」はもはや死語で「今、どこ?」から始める時代なのです。

彼らが丁寧な電話の出方を知らないのは、ある意味、不可抗力です。

そんな若者に、「なんで電話に出ないんだ!」と頭ごなしに怒るのは、さすがにナンセンスだと、オトナ世代も気づきました。

だからといって、電話をとらなくていいわけではありません。

電話のとり方、出方を知らないし、何を聞かれるか分からないから出るのが怖い。第2章でも触れますが、今の若者は失敗をとても恐れます。失敗するくらいなら出ないほうがいいと考える。そんなふうに**電話を怖がる新人にどうやったら、電話をとらせることができるのか。**

これは、今の職場において、小さいようでけっこう悩ましい問題です。

電話の横にマニュアルを置いておく。最初のうちは相手の名前、用件だけ聞いて上司に代わるようにする。代わったら横に立たせてスピーカーにして、対応の見本を見せる。こんなやり方を実践している企業もあります。

こうしたやり方は、もちろん有効です。しかし望ましいのは、新人が積極的に職場の電話に出ようというモチベーションを持ってくれることでしょう。

イラモヤ解消法

なぜ自分たちが電話に出なくてはならないのか？

電話をとることが自分たちのメリットになると、彼らが論理的に頭で納得しなければ動きません。

例えば、こんな伝え方を心掛けましょう。

「○○さんに電話です、と取り次ぐことによって、会社の中にどんな人がいるか分かる。問い合わせに答えることによって、会社の商品や業務を知ることができるし、どんな取引先があるか覚えられる。いっぱい電話をとった人のほうが早く仕事ができるようになるよ」

若者視点にたって、若者のためになる合理的な伝え方――。

「序章」で少しだけ触れた「若者に分かってもらう接し方の工夫」とは、まさにこれです。

これからも、繰り返しお伝えすることになりますが、この伝え方は本書における若者へのコミュニケーションの基本スタンスです。

②おいおい、会議室で上座に座っちゃダメでしょ

オトナのイラモヤ

会議室に入って、びっくり。ウチの部署の若手が議長席に座っているではないか。おいおい勘弁してくれよ。議長の事業本部長がまだお見えになってなかったからよかったものの、見つかったらと思うと、冷や汗ものだ。新人研修で「上座」「下座」のマナーは教えてもらったんじゃないのか。

若手社員のホンネ

会議室の「上座」「下座」って、マナー研修で教えてもらいましたよ、確かに。でも、あんまりピンとこないっていうか。ぶっちゃけ、座る場所なんてどこでもよくないですか？　いや、会議資料をスクリーンに映すとき、一番偉い人が一番見やすい席に座るとか。そういうルールなら、合理的で納得感ありますけど。

部長や課長を差し置いて自分が上座に座る。お客様を下座に座らせてしまう。そんな失礼かつ常識知らずのシーンを、オトナ世代が目にしたら、イラモヤを通り越して烈火のごとく怒りだしてしまうかもしれません。少なくとも筆者はそうでした。

しかし、時代は大きく変わりました。

年齢や仕事上の地位が上の人が座る席が「上座」で、地位が下の人や主催者側が座る席が「下座」。雑にこう教えられただけだと、冒頭のように「上座って意味あります？」的な感じで、今どきの若手社員には響かないんじゃないでしょうか。

そもそも、**「心地良い場所」に目上の方をお通しするというおもてなしの心が、席次ルールの基本**ですよね。その昔から、入り口から遠い場所というのは、床の間や飾り棚を設《しつら》えることが多い神聖な場所でした。

会議室にはこうした設備はありませんが、静かな落ち着く場所であることに変わりはありません。このように、出入口から遠い席が上座、近い席が下座となっていることには、本来の意味があるわけです。

しかし、そういうおもてなしの心が形骸化していると、若者にツッコまれても仕方ないようなニュースが報じられました。

Ｗｅｂ会議ツールの「Zoom」が新たに搭載した「カスタムギャラリービュー」という機能が、「Zoomの上座機能」だと物議をかもしたのです。

「Zoomの上座機能はネタかと思うレベル（笑）」

「この機能を使わないといけない同調圧力が発生して社員の工数が増える」

「いい機能だが、日本では『エラい人を上座に配置』するクソマナーが定着していく」

ネット上では、否定的な若者の声が後を絶ちませんでした。

そもそもこの新機能は、発言者を目立つ位置に配置するために開発されました。なぜ、それが「上座機能」と言われるのか。その理由は、いくつもの日本企業がZoom社に対して、「部長や役員を大きく表示できないか」「上役を画面の上座に表示できないか」というトホホな要請をしていたからだそうです。

会議室というリアルな空間だけでなく、オンライン上のバーチャル空間で行われる会議までも席次を気にする。そこからは「心地良い場所」にお通しするといった**本来のおもてなしの心ではなく、形式や体面を気にしすぎるオトナ的な一面**が漂ってきます。

こうした事例によって、若者に席次マナーの必要性を理解してもらうのが難しくなってしまう。席次マナーが不要というわけではないからこそ、残念ですよね。

イラモヤ解消法

世のオトナ世代は大変です。

若手に対しては立派に振る舞いたいけど、組織の中での立場もあるからこそ、板挟みになることも往々にしてあります。「上座」「下座」といった席次問題などは、自分の上司と若手社員の間で、気を遣わざるをえない代表的な例と言えるでしょう。

事象ではなく本質で語る。こうしたコミュニケーションも、若者との共通理解を深めるのに有効だと思います。このことについては、イラモヤ④「いつもこっちがエレベータ係なんだよな」の項でまた触れます。

③ねえ、人の話ちゃんと聞いてくれてる？

オトナのイラモヤ

ある作業を頼んでおいた。どこまで進んでいるかを確認すると、全然違う作業をやっていた。またただ。こんなことが頻繁に起こる。反抗的な様子はまったくないし、サボっていたわけでもなさそうだし。本人に悪意がないからといって、これじゃ仕事を任せられない。返事だけはいいんだけどな。実はちゃんと聞いてないのかな……。

若手社員のホンネ

「どうして言われた通りにやらないんだ」と怒られても……。自分では、言われたようにやったつもりですけど。出された指示についてメモも取って、ちゃんと聞いてますし。返事だけいいって言われても、前向きに返事して、なんでイラっとされるんですか。めっちゃヘコみます。

本人は人の話を聞いているつもりなのに、実際はちゃんと聞いていない。

そんな若手社員にイラモヤするオトナ世代はとても多くいます。

冒頭のケースは、ひょっとして、上司の指示に問題があるのかもしれませんが、こうしたコミュニケーションのすれ違いの根底には、「聞く力」に問題があることが多いものです。

話し上手な人は、巧みな話術で場を盛り上げることができますが、聞く耳を持たないと、場の雰囲気が一気に悪くなることだってあります。

一方、聞き上手な人は、相手を尊重する姿勢であるがゆえに、場の雰囲気を和ませることができます。

たとえ口下手であっても、聞く耳さえあれば、相手を心地良い気分にできるのです。

「聞く力」に問題を抱える人物は、もちろんどんな世代にも一定数いるものですが、この**「聞いてるつもり症候群」**が、**若者の間で増えている**という指摘もあります。

これも、実はSNSと関係があるのです。

自分の話をしているときの人間の脳は、年齢性別にかかわらず、美味しい食事やお酒、あるいは性欲を満たすのと同じように、快楽物質のドーパミンが分泌されると言われています。

だから人間は、元来、聞くことより話すほうが好きなんです。アメリカの科学雑誌の記事によると、人の会話の60％が自分に関することだと言われています。それがSNSでの会話になると、80％までアップするそうなんです。

今はSNSで自分をどんどん発信していく時代です。特に若者は、自撮り写真や自分の主張を不特定多数の人にシェアすることに抵抗がない。というか、積極的にアウトプットします。

一般的には、年齢が上がれば上がるほど、人の話を聞かず自分の話ばかりすると言われます。オトナ世代が話すことで「快楽」を感じているのは明らかです。

しかし若者は、**SNSを通じて自己アピールする習慣によって、オトナ世代が話すことで感じている（のと同等かそれ以上の）「快楽」を覚えてしまった**のです。

これでは、聞くことが苦手になっても仕方ありません。

イラモヤ解消法

では、どうすれば若手社員が「聞く力」を身につけていけるのか。

まずは、論理的にそのメリットを説明すること（イラモヤ①でもお伝えしました）。

ある調査でセールストークを分析したところ、優秀な営業マンは「相手の話を聞く時間が57％、話している時間は43％だった」というデータが出たそうです。

売り込むために話す時間より、お客さんの話を聞く時間が長いほうがモノが売れる。

こうしたファクトを語ることで説得力が増します。


もうひとつは、話す相手に対して好感や興味を持ってもらうことです。

若手の「聞く力」を高めるには、オトナが若手から「愛すべき存在」だと認識されることが本質的な解決策なのです。そのためには、オトナが話しているばかりでなく、若手の話を聞くことが重要。つまり、オトナも「聞く力」を鍛える必要があるのです。

正確には「聞く」ではなく「聴く」。

終章の「きちんと傾聴し、さらりと自己開示する」で詳しく解説しますが、いずれにせよ、オトナにとって「聴く力」は、極めて重要なスキルです。

④別にいいんだけど、いつもこっちがエレベーター係なんだよな

オトナのイラモヤ

なんか気づくとエレベーターの操作盤の前にいるのは自分なんだよな。若い頃から、真っ先に乗り込んで操作盤の係をやるってのは、もう長年しみついてる行動だ。だからといって、若手にそれを強要するわけじゃないけど。でも、なんかモヤっとするよなぁ。

若手社員のホンネ

目上の人にエレベーターのボタンを押してもらうのは失礼にあたるって……。じゃあボタンを押したくない人はボタンの前に立たないでほしいっす。てゆーか、位置や順番的に上司や先輩がボタンの前に来たのなら押してもらえばよくないですか。無理やりボタンを奪いに行くのがマナーって、意味わかんないんですけど。

エレベーター内にも、上座と下座が存在するのは、ご存じの通りです。

当然、下座は操作盤の前。混み合っている場合に無理に動いて移動する必要はないものの、こうした立ち位置はビジネスマナーの常識ですよね。

ここで、正式なエレベーターマナーをおさらいしてみましょう。

本来、マナーとしては「空間には上位者が先に入るもの」という考え方があるため、先に上司など目上の人に乗ってもらうもの。しかしエレベーターの場合は、安全やスムーズな乗り降りが優先されます。途中でドアが閉まらないようフォローするために、下位者が先に乗り込むのがマナーとなっているようです。

そして、乗り込む前には「本来は先に乗っていただくところを、お先に失礼します」という気持ちを込めて、相手とアイコンタクトを取ったり、「失礼します」と言って、乗り込んだら、すぐに開閉ボタンの「開」を押す。

また、エレベーター内にすでに人がいる場合は、乗る順が違います。

中にいる人が操作をしてくれることが多いので、本来のマナー通り上司に先に乗ってもらう。で、自分が乗ったら、可能な限り操作盤の近くの下座側に立って、目上の人が操作してくれている場合は「代わります」と申し出る。この一連の動作が正解。

オフィスのエレベーターはビジネスの場。密室で狭い空間なので、ちょっとした振る舞いが目立ちやすい。だからこそエレベーターマナーが存在するんでしょう。

とはいえ、「先乗り後降りが基本」くらいで長年やってきたオトナ世代も多いんじゃないでしょうか。筆者の知識もそのくらいでした。

シーンによって乗り込む順番が違うんだ……などと、正式なマナーを目の当たりにすると、そこまで厳格にやる?と思ったりしませんか。

筆者を含め、大半のオトナがそうだとしたら、合理的な若者は余計にそう感じているはずです。「不要なビジネスマナー」や「次世代に残したくないビジネスマナー」といったランキングに名を連ねているのも、理解できなくはありません。

オトナがイラモヤするのは、結局のところ、形式というより気配りの観点なんだと思います。絶対、操作盤の場所に立ってエレベーター係やれよ、と思っているわけではなく、マナーの本質に沿った行動を望んでいるだけなんですよね。

イラモヤ解消法

乗るのは自分が先、降りるのはお客様が先。

当たり前ですが、これはマナーのガイドラインのひとつに過ぎません。

マナーというものにはすべて意味・目的・理由があります。

目指すのは「同じ時間、空間を共有するもの同士、互いに不快感を与えないために、気持ちの良い時間を過ごすために」ということを目的とした気配り・気遣い・思いやりですよね。

本質は、周囲に対する気遣いを実現させるために、シチュエーションに応じた最適解を導き出す知恵を身につけることです。

会議室の上座下座のイラモヤ場面でもお伝えしましたが、こういう本質論の観点で、若者とコミュニケーションをとっていきましょう。若者の気遣いが多少ズレていたとしても、彼らなりの思いやりが発揮されれば、可愛く感じられるんじゃないでしょうか。

⑤会議中にスマホいじるのって失礼すぎる

オトナのイラモヤ

最近、会議中にスマホをいじりだす若手が多くて困る。こっちが話をしているってのに、「人の話を真面目に聞け！」と怒鳴りたくなるのをこらえるのにひと苦労するくらいだ。今どきの若者がスマホ中毒なのは知ってるが、それとこれとは違う話。ほんと、ビジネスマナーがなってない。

若手社員のホンネ

この前だって、出てきたデータの信ぴょう性が微妙で、ググったら怒られたけど……。真面目に聞いてるからこそ、なんですけどね。知らない用語が出てきたら、その意味をすぐに調べたほうが会議についていきやすいし。そっちのほうがいい議論になると思うんだけどなぁ。

みなさんは、会議中に自分の話を聞きながらスマホをいじり始めた若者を見て、どう思うでしょうか？　９割方予想される反応は、「人の話を真面目に聞け」じゃないですか。かくいう筆者も、そっちのタイプでした。

しかし、こういう経験があり、少し考えが変わったのです。

社内で若手社員と会議をしていたときのこと。

ある飲食チェーンについて多角的に分析しながら議論をしていたのですが、メンバーの一人がいきなりスマホをいじり始めたのです。当然、イラっとしました。

しかし、その矢先に「あ、全国で１５２店舗です。ちなみに首都圏では55店舗展開しています」との発言。彼は、議題にした企業の情報を検索していたわけです。

若者の検索スピードはすごい。

「お、おう。ありがとう」。こう返すのがいっぱいいっぱいでした。

真剣に相手の目を見ながらも「お腹が空いたなあ……」とお昼ごはんのことを考えてい

る人と、目をそらしてスマホをいじりながらでも、相手の話の裏付けをとって発言しようとしている人。どちらが話している側にとって「真剣な」態度であるかは明白でしょう。

序章でもお伝えしたように、**デジタルネイティブの若者は、情報を自分の頭にインプットして蓄えておくよりも、その場で適宜検索したほうが、無駄がないと考えています。**

だから、彼らはいつもスマホを片手に仕事をしているのです。

逆に、その場ですぐに使える便利ツールを「文鎮」のように置いておくオトナに、「なんで？」と思っているくらいじゃないですか。

オトナからすると、もっと過激な価値観を持った若者もいます。

時間を有効活用するためには、同時並行で別の作業をするほうが効率がいいという考えです。

会議だって、ずっとそれだけに集中していなければならないなんてことはまずない。もしそこで、じっと座ったまま、おっさんたちのくだらない話を聞いていれば、自分の時間の充実度はかなり下がってしまう。

こうした考えがベースにあると、会議の途中にも、（必ず発生している）目に見えないすきま時間に、（無理のない範囲内で）別のことをやればいい、となってしまいます。ここまで許容できるかどうかは、意見の分かれるところでしょう。

筆者も、案件と別のことを検索するところまでは、賛同できません。

イラモヤ解消法

オトナ世代にとって、他人の話を聞くとき、相手の目を見て真剣に聞くことは、常識中の常識。会議中に人の話を聞いていないのは「けしからん！」となります。

しかし、議論をスピーディに進めようとして、必要な情報を入手するためにスマホをいじっているとしたら……。

彼らなりに会議に真剣にコミットしているわけです。

筆者が推奨するのは、**会議中のスマホ使用に関するルール化**です。

あまりに厳格なルール運用は嫌がられますが、会議の要件に関連する検索ならＯＫ、スマホを使うときにはひと声かける、くらいのことを決めるだけで、オトナのイラモヤは軽減でき、なおかつ会議のスピードアップが図れる。これで、よくないですか。

⑥理不尽に耐えることも時には必要だと思うんだけど……

オトナのイラモヤ

いや、理不尽がいいとは思ってないよ。でも、自分たちも、上の世代から理不尽なことをされて育ってきたわけだし。世の中って理不尽なことが多いのは確かなわけで。この理不尽は神様がくれた試練なんだ、とまでは言わないけど、理不尽に耐えてこそ成長につながるとは、やっぱり思うよね。

若手社員のホンネ

理不尽って、最悪ですよね。「いいからやれ!」とか「とりあえずやれ!」とか、ホント意味分かんないっす。それから、日によって言うことが変わる上司も最悪。同じことやって、この前は何も言われなかったのに、違う日にものすごく叱られるって。理不尽の極みじゃないですか。

そもそも、理不尽とは、「道理に合わないこと」「物事の筋道が通らないこと」を言います。思いもよらない仕事を頼まれても、そこにきちんとした説明がない。またパワハラのような扱いをされても反論しにくく、イラモヤとした気持ちになる。理不尽なことが好きな人はいません。

それは、若者だけでなくオトナにも共通した思いです。

しかしオトナは、その理不尽を甘んじて受け入れることを、大事に考えてきました。

職場は理不尽であふれている。

理不尽に耐えることで、一人前の社会人としての基礎体力が身につく。

上長とは、だいたい存在自体が理不尽なもの。その上長の理不尽を受け止めることのできるキャパシティがあるかどうかが勝負。多くの理不尽を受け止めることが自分の度量の大きさなのだ。そんな空気が職場には流れていました。

職場で理不尽なことがまかり通っていたのは、それなりのリターンがあったからです。終身雇用、年功序列といった日本型雇用が機能していた時代には、理不尽に耐えた先に、出世やボーナスといった見返りを得られました。

つまりオトナ世代は、社内レースを勝ち抜くためにも、「Mッ気」とも言えるような理不尽耐性を否が応でも磨く必要があったのです。


一方で、今どきの若者にとって、理不尽は、間違いなくNGワードの最たるもの。

序章でもお伝えしましたが、時代は大きく変わりました。それこそ終身雇用や年功序列といった日本ならではの雇用システムに亀裂が入り、先行き不透明な時代です。

その会社に一生勤めることが前提じゃなくなってきたのに、何故、ひたすら耐え続ける必要があるのか。彼らが理不尽にアレルギーを示すのは、オトナが享受してきたようなリターンがないからです。こういう時代に生きていたら、我々オトナだって、そう思うようになっていたかもしれません。


つまり、**理不尽をめぐるオトナvs.若者の背景にあるのは、根性論vs.打たれ弱さの「精神論的ギャップ」というより、理不尽に耐えることで得られるリターンの有無という「経済合理的なギャップ」**なのです。

我々オトナは、ここをしっかりと理解しておくべきなんだと思います。

イラモヤ解消法

理不尽への耐性をつけたり、いろいろなことを飲み込んでやっていくキャパ自体は、やっぱり大事。筆者もそう思います。

しかし職場で、リターンがない以上、若者に体験価値を伝えていくのはなかなか難しいですよね。だとしたら、「社外との関係性」や「本人の将来キャリア」を引き合いに出してみる。これも若者視点から語るうえでの一案だと思います。

「わがままなお客様への対応のためにも、理不尽耐性はあったほうがいい」
「起業した場合、立ち上げたサービスをプレゼンする相手は経営者であることが多い。経営者ほど理不尽な生き物はいない。将来のためにも、今のうちから理不尽に慣れておくことには意味がある」

こんな伝え方なら、少しは我々オトナの思いが伝わるかもしれません。

⑦さすがに、職場でその服装ってどうかな?

オトナのイラモヤ

個性を伸ばしていこうと日頃から言ってる手前、できるだけ服装の自由も認めてあげたいとは思っている。でも、さすがに新人がタンクトップにショートパンツというスタイルで出勤してきたときはびっくりした。おいおい、今から虫でも捕りに行くんですか?って、嫌味のひとつも言いたくなる。

若手社員のホンネ

明日、何着ていけばいいのか。考えるだけで、すっごく憂鬱になる。これなら大丈夫かなぁって気を遣って選んでるのに、だいたい嫌味言われるし。そもそも、どこまでがOKで、どこからがNGなのか、ハッキリしてないから困る。しかも、隣の部署の上司はユルいけど、こっちの上司は厳しいとか、ありえなくない?

職場で何を着るべきなのか。

ホワイトカラーの仕事の場合、男性は当然スーツで、女性も制服がある。日本では、そういう会社が多く存在し、職場の服装には暗黙のレギュレーションがありました。

一方で、職場の服装に対するこうした常識や制約に、息苦しさを感じる若者はいつの時代も一定数いました。服装の自由さで会社を選ぶ就活生も少なくなかったはずです。


時は進み、クールビズの流れから「オフィスカジュアル」というスタイルが現れました。この流れによって、職場の服装は、ある程度ユルくなったわけですから、若者にとってはウエルカムなはず。

しかし、このオフィスカジュアルが曲者なのです。

その恰好で仕事できるの？とイラモヤするオトナvs.着たい服と着るべき服の狭間でイラモヤする若者――。**服装の選択肢が増えたことは、オトナと若者の新たなすれ違いを、職場に生み出してしまいました。**

職場の服装に関する認識のズレで、難しいのは女性のほうでしょう。それもオトナ女性vs.若手女性といった同性同士の場合が厄介です。

「長い爪にゴツゴツのストーンだらけのネイルって、それでパソコンのキーボード打てるの？」

こんな感じでイラモヤしているオトナ女性が、職場には相当いるんだと思います。一方で、若者にとって気の毒な側面もあります。選択肢が増えた分、いつダメ出しされるか分からない。大袈裟に言うと、どこに地雷が埋まっているか分からない戦場にいるのと同じようなものです。

職場の服装をめぐるストレスは、会社によって、もっと言うと部署によって、さらに言うと上司によって、カジュアル度合いの基準があまりにも違うことから発生します。

この**基準の曖昧さが諸悪の根源**なんです。

そう考えると、ものすごく不毛な感じがしませんか。

どこまでがオフィスカジュアルとして認められて、どこからが認められないのか。

ある程度の線引きさえできれば、相当解消されるはずですから。

イラモヤ解消法

企業や職場によっては、細かくドレスコードを定めているケースもあります。

しかし、そこで起こりがちなのは、「じゃあ爪の長さは何センチまでＯＫか」とか、「ブーツの丈はどこまでＯＫか」という、あまりにも細かい問答の数々。

重要なのは、些末なルール化ではなく、カジュアル化のフェアウエイを共通認識とすることでしょう。

いくら自由と言われても「崩してはいけない点」、堅い職場であっても「崩していい点」、このあたりをざっくり決めて運用するくらいが妥当です。こうした基準が言語化されて若者に伝われば、虫を捕りに行くような恰好で出勤してくることは、ずいぶん少なくなると思いますよ。

その際に重要なのは、その基準がオトナ側で属人的にならないようにすること。人によってＯＢゾーンが違うと、当然ながら若者の反発を招きます。

⑧え？　君が在宅で、こっちが出社って……

オトナのイラモヤ

え？　今日も在宅なんだ？　いや、テレワーク自体を否定するつもりはないよ。だからって、そんなに目一杯在宅勤務するのもどうかと思う。同じ部署内でも、在宅で仕事できる人とできない人もいるわけだし。テレワーク嫌いの上の目とかもあるし。こっちは、そうやっていろいろバランスとりながら、仕方なく出社してるってのに……。

若手社員のホンネ

テレワークが認められているのに、うちの職場の在宅勤務しにくい雰囲気ってなんですか？　バランスとって出社しろとか、ホント意味分かりません。このご時世でいえば、むしろ部下の安全と健康を考え、できるだけテレワークにするのが管理職のはずなのに、本末転倒じゃないですかね。

コロナ禍によって、一気にテレワークが広がりました。

このテレワークの利用にも、世代間による温度差が見受けられます。

「うちの部署は在宅は無理だよな」とか勝手に決めつけるの、やめてほしい。

対面でしかコミュニケーションをとれない時代遅れの人には早々に退散してほしい。

テレワークに消極的なオトナ世代に対する今どきの若者の言動は辛辣《しんらつ》です。

リモートで働くこと自体に不慣れなオトナも確かにいます。しかし、テレワークに消極的なオトナの多数派は、自分もテレワークしたいけど、テレワークに関する職場の不協和音が気になる、と考えているんじゃないでしょうか。

ある調査によると、出社勤務している人が、在宅勤務している人に対して思っていることは、「通勤しなくていいので羨ましい」「仕事をサボっていそう」「コミュニケーションがとれなくて仕事しにくい」「テレワークしている人のせいで業務負担が増え、不公平に感じる」などなど。テレワークを利用している人たちに対して、釈然としない気持ちを抱いている。そんな空気が漂っています。

「人事部門では、給与業務のスタッフは出勤せざるをえないし、経理部門の一部の担当者は、月末は毎日出勤している。それ以外のスタッフはほとんど在宅勤務。出社している社員からは、『なんで私たちだけが出社しないといけないの』という不満の声があがってきていたが、最近では、『テレワークができないなら人事異動させてください』と申告する社員まで出ている」

これは、ある企業の中間管理職の切実な声です。

こんな**悩ましい状況に頭を抱えるオトナがけっこういる**のです。**だからこそオトナは、自分の権利とばかりに、能天気にテレワークをしたがる若者にイラモヤする**んです。

「こっちだって、できることなら在宅がいいに決まってるじゃん。だけど、バランスってものがあるでしょう」と、職場全体に気を遣って出社する。

「君たちは、こっちがＯＫするからテレワークできてるけど、こっちは、上が出社するから渋々出社してるんだよね」と、上司との板挟みにあって出社する。必要がないと感じながらも忖度《そんたく》して出社する日々。そんなオトナ世代、気の毒です。

イラモヤ解消法

就業上の地位が低く、業務における自己裁量の幅が狭い。在宅勤務がしにくいと感じる若者のイラモヤ。

そうした**若者の気持ちも分かりつつ、自分だって在宅したいのに、意思決定を担う経営層の大多数がテレワークに消極的であるため、板挟みにあうオトナのイラモヤ。**

これ、イラモヤのミルフィーユと言っていいくらい、2階層ですれ違ってます。

とはいえ、テレワークはできるかぎり推進されて然るべきだと思います。

ご存じのように、コロナ禍がなくとも企業活動のデジタル化は急務です。周回遅れとも言われる日本社会のデジタル対応を進める必要は、おおいにあります。

だからこそ、まずはテレワークについてのルールを整えましょう。

ある程度は不公平感を緩和できる。経営層からも理解を得られる。週何回が妥当とか、ルールをつくって共通認識化していく。ここから始めませんか。

⑨飲みニケーション、やっぱお嫌いですか？

オトナのイラモヤ

今どきの若者は飲み会嫌いっていうし、ほんと誘いづらい。仕事の相談にだって乗るし、仕事抜きの話だっていいし。交流を図ることで、円滑に仕事が進んでいくことにつながるわけだし。そもそも、昔は上司から「おい今晩行くぞ！」って言われて、無理やり連れていかれてたもんだ。なんでこんな気を遣わなきゃいけないんだろ。

若手社員のホンネ

いや、別に全部の飲み会が嫌なわけじゃないです。こっちだって教えてもらいたいこともあるし、相談にも乗ってほしい。でも飲みに行ったら行ったで、だいたい説教じゃないですか。それか自慢話聞かされて、こっちはあいづちを打ってるだけ。あと絶対、2軒目行こうってなるし。そうなっちゃうと時間の無駄でしかないっす。

日本の社会に根付く職場の飲み会。いわゆる「飲みニケーション」です。

ある調査によると、この飲みニケーションが不要だという声が、初めて過半数を超えたとのことです。「不要」の割合を時系列でみると、２０２０年までは比較的緩やかな増加傾向だったのが、２０２０年45・７％から２０２１年61・８％と急伸しています。

不要派の理由は、「気を遣う」「仕事の延長と感じる」「拘束時間が長い」「仕事のグチを聞きたくない」「説教好きの上司が嫌」「酒好きの人に絡まれる」「お酌が苦手」「先輩の自慢話にあいづちを打たなければいけない」などなど。

いやはや、職場の飲み会を嫌う声がたくさんあがっています。


しかし最も驚かされたのは、すべての年代で不要だと思う割合がほぼ同じだったこと。**決して若者だけが飲みニケーションを嫌っているわけではない。**このデータは、**オトナも飲みニケーションにネガティブ**であるという事実を示しているわけです。

若者が飲みニケーションを不要だとする風潮は、確かに以前からありました。

遡《さかのぼ》ること２年前の２０１９年12月、「＃忘年会スルー」というハッシュタグが

Twitter上に飛び交うなど、コロナ禍の前から、実際に職場の飲み会に参加しない人もちらほらと現れるようになっていました。

その意識が、コロナ禍の影響によって、オトナ世代にまで広がっていったのです。ご存じのように、会食を自粛する生活が約2年にわたって続いたことで、アルコールを介したコミュニケーションは激減。**必要悪として受け入れてきたオトナ世代も、なきゃないでも大丈夫と気づいた**んですね。

不要派が増えたもうひとつの理由が、「ハラスメントとか言われそうで面倒」というリスクヘッジの意識です。お酒が入ると、どうしても脇が甘くなりがち。つい要らぬ説教をしてしまったりすると、後々ややこしいことになりかねません。なら、いっそ職場の飲みはやめとこうという流れです。

一方で、飲みニケーションにポジティブな若者世代もいます。

中には同僚だけでなく上司など上の世代との飲み会にも積極的な若者もいるのです。

そういうタイプの若者は「仕事に関する情報収集をしたい」「これからのキャリアの参考にしたい」など、オトナから吸収するものがあると感じています。

飲みニケーションに消極的なオトナが増える一方で、それを求める若者もいる。

飲みニケーションをめぐる正しい理解はアップデートする必要があるにせよ、飲みニケーション自体が、「社内外を問わず親交を深める機会として有意義な場」であることは不変なんじゃないか。筆者はそう思っています。

イラモヤ解消法

だからこそ、健全な飲みニケーションを意識して開催するようにしませんか。

ポイントはふたつです。

1つ目。就業時間外に事実上の強制参加となるような飲み会は、敬遠されがち。勤務時間内に社内で開催、強制参加ではなく自主参加。こうしたシチュエーションで創意工夫をこらしていくことが求められるでしょう。

2つ目。**オトナが若者と飲む際、「説教」「長時間」「他人の悪口」「懐古主義的アドバイス」「武勇伝」は厳禁**です。若者の話を聞く、若者が聞きたい話に答えてあげる。これができれば、意外と若者はオトナと喜んで飲みに行ってくれます。

イラモヤの素　若手社員の生態解説

肩書とか役職とか要らないし、理不尽な上下関係は勘弁してほしいです

「今の課長のアイデア、フツーによかったっす」

目上の上司に、こんな発言をする若手社員がいます。

賛同してもらっていること自体はありがたいのですが、その言い方に、なんかイラモヤしてしまいませんか。こんな**微妙にタメ口っぽい物言いが職場で散見されます。**

先輩には絶対服従。そんなひと昔前の上下関係は確かにパワハラの温床になっていました。

この反動もあってか、職場で比較的フラットなコミュニケーションが増えています。

オトナ世代も、こういう空気を感じて、上から目線になりすぎないよう、けっこう気を

遣っているんじゃないでしょうか。

しかし、気を遣ったら遣ったで、逆に若者が増長しすぎていないか。オトナにはそんなイラモヤもありますよね。

マウンティングに過敏すぎ

マウントをとる。この言葉は、格闘技の実況なんかでよく使われていました。その意味合いが転じて、職場の対人関係などで相手より優位に立とうとする行為として一般的に流通するようになったのです。

「部長って、めちゃめちゃマウントしてくるよね」

若者の間では、こんな会話が平気で展開されます。

一見、普通に聞こえますよね。しかしよくよく考えてみると、そもそも部長は役職上の立場が上です。マウントも何も優位に立とうといった意識は微塵もないでしょう。

このように、**今どきの若者たちは、上から目線に非常に敏感**なのです。「自分のほうが上」とばかりに知識をひけらかしたり、一方的に話してきたりする人にアレルギー反応を示します。

一方で、冒頭のセリフのように、上長に対しては、悪気なくフラットな目線での発言をします。**オトナからすると「目上の相手に向かって失礼じゃないか！」と声を荒げるレベルでもないがゆえに、余計にイラモヤするわけです。**

マウンティングには過敏なのに、自分たちはタメ口。オトナからすると、おいおい、ちょっとフラットすぎませんか、となってしまいますよね。

閉ざされたタテ社会から開かれたヨコ社会へ

序章でもお伝えしたように、今どきの若者は「ＳＮＳ村社会」の住人です。

ＳＮＳで会ったことのない人とも容易につながり、仲間関係が、横に横に広がっていきます。そこには年上も年下もなく、経営者でも会社員でも、あるいは国籍が違っても、個と個でつながっています。

会社という「閉じられた垣根」も、役職という「タテの関係性」もありません。

ですから、先輩への過度な敬意も上司への服従も、その必要性を感じなくなってきています。

では、若者にとって理想的な上司と部下の関係とはどういうものでしょうか。

それは、人生の先輩と後輩でもなければ、ましてや師匠と弟子でもありません。

彼らが望んでいるのは、ずばり「仲間」です。

だから仕事の仕方も、上司や先輩の指示で盲目的に動くのではなく、いろんな人と協力しながら進める「プロジェクト型」を志向します。まず組織ありきで働くのではなく、なんらかの目的があって集まった人たちで働くという感覚です。

だから、上司であっても、お互いに協力し合える仲間として接してほしいと願っているわけです。

仲間なんだから、どちらかが威張るのはおかしいいし、困っている相手を助けようとしないのもおかしい。ましてや、**どうしていいか分からないでいる部下に対し、「自分で考えろ」とか「いちいち聞くな」などと言う上司は、仲間として不適格だと彼らは判断**

します。

日本型雇用が生んだ強固な上下関係

少し歴史を紐解いてみましょう。

そもそも上下関係は、日本において古くから存在していました。

徳川幕府で公式な学問となった朱子学（儒教）や、家長や長子相続を旨とする日本の家族制度、それを後押しした１８９８年施行の民法という3つの要素が、その発展に大きな影響を与えたと言われています。また、明治政府が導入した上意下達の教育制度も、その一端を担っています。

長子相続の法令は、第二次世界大戦後に廃止されました。にもかかわらず、こうした上下関係の概念は、日本社会の根底をなす価値観として残っていきます。

そしてその慣習は、高度経済成長の企業文化として引き継がれました。

それが「メンバーシップ型雇用」と言われる日本特有の雇用システムです。労使が固い絆で結ばれた関係性で成り立っていて、**閉ざされた会社の中で、強固なタテのヒエラ**

ルキーが形成されていきました。

上司が「今週の土曜、出社して課内研修しよう」と提案したとします。

昭和の日本では、部下は、内心「え？」と思いながらも「分かりました！」と答えるしかありませんでした。多少の疑問や不満があっても「それが仕事」だと自分を納得させてきました。

でも、これがアメリカだったら、１００％「ＷＨＹ？」という声が返ってきます。土曜出社する意味や目的を、きちんと理解してもらう説明能力が必要になります。

礼儀に関しては、意味と目的で握ろう

戦後から発達した日本型の雇用は世界でも稀有な雇用システムなのです。

そういった意味で、グローバルスタンダードの観点でいけば、オトナより若者に分があります。

だからこそ、いろいろな上下関係を、きちんと分けて考える必要があるんだと思うの

です。もちろん**「上司への絶対服従」は、もはやナンセンス**だと自覚する必要があります。

しかし一方で、「目上の人への礼儀」までないがしろにする必要はありませんよね。会議室における上座や下座、エレベータールールのイラモヤ場面でもお伝えしましたが、礼儀や敬意に関しては、やはり大切にされて然るべき。

ただし、**形式だけを伝えてもまったく響きません。その意味合いや本質的な目的について、しっかり語っていくことが求められます。**

第2章

「すぐに折れるし、褒め方も難しい」若手社員のトリセツ

なんか、めんどくさいんですけど……

⑩なんで、そんな簡単に折れるわけ？

オトナのイラモヤ

すごく頑張っている若手をリーダーポジションに抜擢した。ところが、その1か月くらい後から、休みがちになり、のちに休職することになってしまった。仕事のストレスがかかりすぎたのかもしれないが、「ありがとうございます！　頑張ります！」と、あのキラキラした力強い返事は、何だったんだ？

若手社員のホンネ

もちろん抜擢は嬉しかったし、当初は頑張ろうと思っていました。自信もあったんですが……。ポジションが上がったことで、うまくいかない仕事が増えて。こんなキャラだったのかなぁ、と自分でも情けなくなってきて……。ちょっと背伸びしてしまっていたのかもしれません。

その昔、芸能人運動会の徒競走で優勝した木村拓哉さんが、感極まって「だてにキムタクやってんじゃねーよ！」と叫んだことがありました。

これって、キムタク本人が、ファンが持つイメージとしての「理想のキムタク」を強く意識している証拠です。

今どきの若者の感覚も、この「役を演じる芸能人」のような感覚に似ています。

SNSで自分自身のキャラを客観視する機会が増えたことで、**キャラの幽体離脱現象**とでもいうのか、**「本来の自分のキャラ」と「ありたい自分のキャラ」が分離**していっているようなのです。

「理想の自分」と「現実の自分」のギャップを目の当たりにする。

これはこれで大変です。「仕事ができるキャラ」を演じたいのに期待に応えられないと、「イケてない素のキャラ」を直視することになってしまうわけですから。

冒頭の若手社員もまさにこのケース。

職場での彼は「仕事ができる」キャラを演じたかったのです。ポジションが変われば、うまくいかないことが増えるのは当たり前なのですが、できない現実の自分を他の人にさらけ出すことができず悩み続け、結果的に病んでしまいました。

まったく別のケースを紹介しましょう。ある新入社員がゴールデンウィークにメキシコに旅行に行ったのですが、帰りの飛行機が飛ばなくなってしまったのです。

翌日は休日明けで、絶対に出社しないといけない。どうしよう……と、焦ったあげく、運航している他の航空会社で80万円もするファーストクラスのチケットを買って帰国したのです。そして翌日、ふつうに出社しました。

見上げたプロ根性とも取れますが、航空会社の欠航という不測の事態でもあるわけで、80万円の自己負担という金額を考えると、会社に相談することはできなかったものかとも思います。

案の定、会社の上司は「連絡してくれたら、1日遅れて帰ってきていいよって言ったのに」との反応を示したとのこと。ま、そりゃそうでしょう。

相手を尊重し、その期待を裏切らないようにするというのは、決して悪いことではありません。しかし、**絶えず人の顔色をうかがい、相手をがっかりさせないために、無理してできるキャラを演じてしまうのが、今どきの若者。**

なぜ、そこまで無理をしてキャラを演じてしまうのか。それは、人から認められたいという承認欲求、意識高くないといけないという強迫観念が強すぎるからです。

承認欲求が満たされていない→本来のキャラを見せられない→理想のキャラを演じる→できないと言えない→無理しすぎてストレスが溜まる。

こうした悪循環にハマってしまう若者が、増えているのです。

イラモヤ解消法

承認欲求に振り回されないためには、適度に人に気を遣いながらも、率直に自己開示し合える相手を持つことです。自分を率直にさらけ出しても大丈夫な関係があれば、承認欲求は満たされ、過度にキャラを演じる必要がなくなります。

若者がキャラを演じなくてすむ環境。それは**「心理的安全性」**の提供に他なりません。詳しくは、終章で解説しますね。

⑪ベタ褒めしたのに。なんで、そんなに気まずそう？

オトナのイラモヤ

最近の若い子は承認欲求が強いから、褒めて褒めて伸ばしてやらないと。やっぱりご褒美こそがモチベーションだよな。自信がつけば、もっともっと成長してくれるはずだ。そう思って社員総会でベタ褒めしたのに、なんで、そんなに気まずそう？

若手社員のホンネ

ホント、勘弁してほしいなあ。嬉しくないことはないけど、そんなにベタ褒めされても困る。なんか大げさすぎるってゆーか。あれじゃあ、自分だけ意識高い感じがするし、マジ最悪。あー、また明日から先輩に気を遣わないといけないじゃん……。超めんどくさいんですけど。

若者は承認欲求が強い。それは間違いではありません。

だから、ガッツリ褒めないといけない。実は、ここがちょっとズレています。

「え？」と目を丸くするオトナ世代もいるかもしれません。

冒頭の場面でも、過剰なくらいに謙遜する若者に対して、「？」という感じなんじゃないでしょうか。

そして「もっと盛り上げて、自信をつけさせないとな」くらいのことを思うかもしれません。そうなったら残念なズレがさらに大きくなってしまいます。

若者世代の承認欲求は、オトナが考えるよりかなり複雑です。

序章でもお伝えしましたが、SNSの発達が彼らの意識を大きく変えたのです。

SNSによって、自分アピールができるようになった反面、アピールが強すぎると、そのSNSで叩かれる。いわゆる炎上とかオンラインの誹謗中傷というやつです。

しかも、SNSにおけるこの負の側面は、どんどん顕著になってきています。

今どきの若者は、**目立ちたいけど目立ちすぎはリスク**というオンライン環境の中に身をおいて生きています。だから〝目立ちすぎないように〟というリスクマネジメントを常に意識しています。

こうしたＳＮＳにおけるリスクマネジメントの習慣が、無意識のうちに職場にも広がっているのです。ある企業のマネージャーが**「最近の若手は営業表彰されるのが嫌い」**だと話してくれました。出る杭は打たれやすく、陰でどうこう言われるのが面倒だからだそうです。

「この壇上に上がるために頑張ってきました」

派手な演出の中で表彰台に上がる。そして感極まった熱いスピーチ。筆者が在籍していた頃のリクルートは、これが当たり前の光景でした。

リクルートの社風はちょっと独特すぎるかもしれませんが、目標を達成してスポットライトを浴びることは、多くの職場において「ニンジン」として機能していました。

目標を達成したときには、ガッツリ賞賛を贈る。このインセンティブが、今どきの若者にはいまいち響かない。これって、イラモヤする気持ちでもありますが、それ以前に、素直に喜んでほしいなぁと、なんかちょっと淋しい気持ちにもなってしまいます。

イラモヤ解消法

活躍したから、よかれと思ってベタ褒めしたのに素直に喜んでもらえない。この事象は、「今どきの若手社員って何を考えているのかよく分からない」というオトナのイラモヤの典型的な例かもしれませんね。

とはいえ、褒めないでいいわけではありません。活躍に対して、過度にスポットライトを当てるような褒め方を望んでないだけです。今どきの若手がよく言うのは**「身内でさっくり褒めてくれればいいっす」**です。

身内でさっくり。部署内のミーティング、もっと言うと一対一の面談なんかで、サラリと褒める。メールやチャットツールで褒めメッセージを送るのでもいい。

なんか地味ですが、こういう感じでも、じわじわ承認欲求が満たされるようです。

⑫しょっちゅう褒めてたら効き目がなくなるでしょ

オトナのイラモヤ

自分は褒められて伸びるタイプなんで……。今どきの若手って、自分で言っちゃうもんね。いや、承認欲求が強いのは知ってるし、褒めて伸ばす必要性も感じてますよ。だからって、しょっちゅう褒めてたら効き目がなくなるでしょ。ここぞのときにガッツリ褒めるからこそ、効き目があるわけでさ。

若手社員のホンネ

効き目がなくなるから、ここぞのときしか褒めないって……。自分たち、そんなカメハメ波みたいな褒めは望んでません。むしろ「アレやっときました！」とか報告したとき、目も見ないで「ああ」とか、素っ気ない返事されるのとか、一番テンション下がります。

ド派手なベタ褒めは望まれていない。

これは、先項のイラモヤ場面でお伝えしましたが、このイラモヤ場面には、褒める頻度のズレも加味されています。


オトナの中でも上のほうの昭和のオジサンたちは、「しょっちゅう褒めてたら効き目がなくなるでしょ」という言葉を驚くほどよく口にします。

ここぞのときにガッツリ褒める＝「ベタ褒め×少量」です。

オトナ世代はこうした褒め方に、少なからず美学を感じるんじゃないでしょうか。


しかし、褒め方の常識は大きく変わりました。これもＳＮＳの発達による影響です。

友達の投稿に無心で「いいね！」を押す。この世界観の中では、**「プチ褒め×大量」のほうがスタンダード**です。

自分が何か投稿すれば、どんなささいな内容でも何件かレスポンスがあるというのが普通。逆にレスポンスがなかったりしたら、彼らは言い知れぬ不安に襲われます。何かおかしな投稿をした？　まわりに変なふうに思われてない？　そんな気持ちが増幅していきます。だからこそ、逆に友達の投稿にほぼ自動的に「いいね！」を押すのです。

「いいね！」を押し合うのは、言ってみれば礼儀作法。

こうして「いいね！」社交界が形成され、友達に忖度した「いいね！」が激増し、結果的に「いいね！」がばらまかれます。

もはや若者が押す「いいね！」は、「見たよ！」というサイン程度のものです。

そんな「いいね！」でも、やっぱり「いいね！」がほしい。これも若者の性《さが》です。

「いいね！」は、良くも悪くも承認欲求を増幅させる装置なのです。

こうしたSNS社会の習慣を今どきの若者は職場にも持ち込みます。

なにかにつけ「いいね！」がデフォルトだから、職場においても、「日常のプチ褒め」が望まれているのです。

もっと言うと、褒めに至らないくらいの「プチ感謝」も、実は十分に効果的です。

例えば、報連相には必ず「ちょい足し」して返す。言葉はなんでも構いません。「良くなったな」と褒めてもいいし、「大変だったろう」と共感してもいいし、「助かったよ」と感謝を伝えてもいいでしょう。

イラモヤ解消法

褒めは「質より量」。若者が望んでいる褒め方は至ってシンプルなんです。オトナ世代は、褒め方については、自分たちの経験や美学を捨て去り、このようにアップデートすべきです。

ひとつ、褒め方のコツをお伝えしておきましょう。

褒めるときに使える魔法のキーワード、それは「やっぱり」です。

例えば「やっぱり、やると思ってた」と、「やっぱり」がつくことで、相手は「えっ、普段からそう思ってくれてた？」と、嬉しい気持ちが倍増します。

普段からちゃんと自分のことを見ていてくれた。これが褒めのポイントだとしたら、「やっぱり」には、このエッセンスが凝縮されているのです。

ぜひ使ってみてください。

⑬ちょっとくらい失敗したっていいじゃん

オトナのイラモヤ

若いうちに、もっと失敗しておけばよかったと思う。失敗からの学び。これこそが自分の成長の礎になってきた。失敗の原因を究明し、得られた知見を活かし、新しい挑戦につなげていく。それなのに、今の若手は失敗を怖がりすぎだ。むしろ、どんどん失敗してほしいんだけどなぁ。

若手社員のホンネ

やってみて失敗しないと分からない。まずはやってみろ！　いやいや、前もって失敗するって分かってて、なんでやらないといけないんですか。それってイジメじゃないですか。目に見えている失敗なら、前もって説明してくれたほうが、よっぽど合理的だと思いますけど。

ファーストペンギンという言葉をご存じでしょうか。

集団で行動するペンギンの群れの中から、天敵がいるかもしれない海へ、魚を求めて最初に飛び込む一羽のペンギンのことです。

その「勇敢なペンギン」のように、リスクを恐れず初めてのことに挑戦するベンチャー精神の持ち主を、米国では敬意を込めて「ファーストペンギン」と呼びます。

オトナは、若手社員にこういう姿勢を求めがちです。

だからか、「今どきの若手は極端に失敗を恐れる」と嘆くオトナ世代の声をとにかくよく耳にします。確かに最近の調査データなどでも、若手社員の挑戦心の欠如を示す結果が出ています。

・オトナ＝失敗してもいい、挑戦を恐れないでほしい
・若者＝失敗したくない、だから簡単に挑戦なんてできない

オトナ世代と若手社員の間にあるこのギャップは、どんどん広がっている気がします。
その背景にある原因は大きくふたつあります。

1つ目は、若者の育ってきた環境。

子どもの学校教育が全体的に優しくなっているのは、序章でお伝えした通り。

競争の少ない「温室」のような環境で、とにかく大事に育てられてきたせいか、今どきの若者は、総じて線が細い（もちろんたくましい若者だっています。大局を理解していただきたく、相対的な解釈として述べています）。昔と違って、今どきの若手は、**失敗したり、怒られたり、恥をかいたりすることに対して、驚くほどに耐性が低い**のです。

2つ目は、これまで再三お伝えしてきた、目立ちたくない意識。

若者は、常に誰かに見られているリスクを念頭に置いて行動しています。

自分アピールが強すぎる＝目立ちすぎると即座に炎上する。相互監視のＳＮＳ村社会に生きる彼らの自意識。人と異なると目立ちすぎてしまう。それを避けたいがゆえ、自ら積極性を発揮することにブレーキをかけてしまっているのです。

筆者の経験からも、失敗から学べることはたくさんありました。

若いうちに数多くの挑戦をして失敗を経験したほうがいいと考えるオトナの一人です。

だからこそ、このイラモヤは、かなり根深い問題なのです。

イラモヤ解消法

彼らは、失敗を恐れるなと言われても、どうしようもなく失敗したくないのです。

この価値観を変えるのは容易ではありませんが、手掛かりはふたつだと思います。

新入社員が上司に期待することを調べたある調査によると、1位は「相手の意見や考え方に耳を傾けること」、2位は「一人ひとりに対して丁寧に指導すること」でした。

前者は、いくつかのイラモヤ解消法で、すでにお伝えした「心理的安全性」の提供と「傾聴」の姿勢です。つまり、**若手がありのままの自分をさらけ出せる環境づくり**です。

後者は、**挑戦をサポート**すること。失敗してもいいから挑戦せよ！と丸投げするのではなく、少し具体的な指示を出してあげることが、若手の挑戦心を開花させるのです。

天然モノのファーストペンギンがいないなら、ファーストペンギンを養殖するしかありません。

⑭前にも言ったよね、何度注意しても直らないのはなぜ？

オトナのイラモヤ

人には失敗やミスはつきもの。そういう経験から学んでいけばいい。そう思ってはいてもさ、1回や2回という程度ではなく、何度も何度も繰り返されると、やっぱり、イラっとするよね。何度注意しても、同じミスを繰り返してしまうって、こっちの言い方に問題があるってこと？

若手社員のホンネ

何回も注意されたことを何回もミスするってのは、申し訳ないと思ってます。でも、ホンネ言っていいですか。注意されるたびに思うんですけど、それって、そこまで大事なことなんですかね。

成長していく過程での失敗やミスはどんな人にでもあります。

前項のイラモヤ場面でも取り上げたように、我々オトナ世代は、臆病な若者に「もっと失敗してほしい」とさえ感じています。

しかし、冒頭のケースのように、何度注意しても同じミスを繰り返されると、さすがに萎えますよね。

例えば、口では謝罪しているけれども、実際には具体的な改善行動が見られない。

こういうケースの場合は、**若者はミスったことを「自覚」してはいるんだけど、実はオトナが期待している「自覚のレベル」とギャップがある**ということが考えられます。

遅刻したときの例で考えてみましょう。

「遅刻は良いことか？　悪いことか？」と聞いたときに「遅刻は良いことだ！」と手を挙げる社会人は、（おそらく）いません。しかし「どのくらいの遅刻なら許されるか」という認識は、個人差がかなりあるはずです。

「約束の30分前には待ち合わせ場所の近くにいて、絶対遅れないようにする！」と思って行動する人と、「待ち合わせの時間から5分くらいの遅れは遅刻には入らない」と考えて行動する人との間には、遅刻に対しての認識の度合いには大きな隔たりがあります。「遅刻してはいけない」と注意したとしても、後者は「5分くらいの遅刻なら許容範囲」と思っているのだから、いっこうに改善したようには見えません。

つまり、自分の行動は間違っていると本人が認識していたとしても、その認識の「度合い」がオトナと同じ水準でなければ、期待しているような改善行動には映らない、ということです。

では、**なぜ、ミスに対する度合いのギャップが埋まらないのか。**

ここが、今どきの若者の厄介なところです。知らないことが恥ずかしいと考えて自己開示をためらう人は、質問するということが極めて苦手です。

こんなことを聞いたら、そんなことも知らないバカだと思われる。

こうした若者の価値観が、何度注意しても、同じミスを繰り返してしまうことの原因のひとつであることは間違いありません。

若者が、自らアプローチして失敗やミスのレベルを擦り合わせるのが苦手なんだとすれば、オトナのほうから歩み寄るしかありません。ＮＧの基準を示す。これは、後述するアンガーマネジメントに共通したメソッドでもあります。

イラモヤ解消法

ミスをした若者が、そのミスをどのように捉えているのか。もっと言うと、どんな度合いで捉えているのか。

これを知ることで、本質的な改善を生み出すアプローチを考える大きなヒントになります。ぜひ、一歩踏み込んで聞いてあげてください。

まずは、**「ここまでは改善してほしい」レベルまで、若者本人が行動を改善する「必要がある」と認識できているか、このあたりを確認することから始めましょう。**

とはいえ、聞き出せたとしても、オトナが期待する問題意識や行動改善のレベルまで一気に持っていくのは、すぐには難しいかもしれません。

一歩一歩、具体的に改善の度合いを擦り合わせていきましょう。

⑮もうちょっと前の時点で、早く相談に来てくれよ

オトナのイラモヤ

納期ギリギリになっても進捗報告がない。大丈夫かぁ？と声をかけてみたら、まったく進んでいない。あまり細かく管理するのもどうか、と見守る姿勢で待っているんだから、何か相談があったら聞きにくればいいのに。これじゃまったく納期に間に合わないじゃないか。取引先になんと言えばいいんだ……。

若手社員のホンネ

相談も何も、いつも忙しそうにして、ほとんど席にいないじゃないですか。珍しく席にいたらいたで、眉間にシワ寄せて、難しそうな顔してパソコンと向き合ってるし。この前だって、勇気を出して相談に行ったら、あからさまに嫌そうな表情で話しかけてほしくないオーラ全開だったし。そりゃ相談する気も失せますって。

「今どきの若手って、報連相してこないよね」

この言葉も、オトナ世代から、ほんとによく聞かれる声です。

しかし、その報連相も細かく分けてみると、実は色合いが違います。

報告：仕事の進捗具合や結果について上司や先輩等に伝えること
連絡：仕事の情報や今後の予定を関係者や上司などに発信すること
相談：問題が生じたときに上司や先輩、時に同僚などからアドバイスをもらうこと

一緒くたにしがちですが、「報告」や「連絡」は比較的軽めのコミュニケーションです。

一方で「相談」は、何かを解決しなければならないときに発生します。ほぼネガティブなシチュエーションだから、必然的に「重め」のコミュニケーションになります。

オトナからすると、「重め」だからこそ、早く相談にきてほしい。若手社員からすると、「重め」だからこそ、尻込みしてしまう。このギャップが、オトナのイラモヤを増

幅させるわけです。実のところ、報連相に関するイラモヤの大半は、この「相談」に関するものなんですよね。

「こんな状態になる前に早く相談してくれよ……。こう感じることはありますか？」

管理職研修などでこう聞くと、100％「はい」という答えが返ってきます。

しかし、その管理職に、「みなさん自身は、自分の上司に早め早めに相談できていますか？」と聞くと、これまた、ほとんどの方が、「自分自身もできていない」と答えます。そして、その質問で、自分の部下や後輩がなぜ相談に来ないのかという理由に、ハッと気づくのです。

それは、まさに**「話しかけにくいオーラ」**です。

冒頭の若手社員のホンネにもあるようなシチュエーションは、オトナ世代も自分の上司とのやりとりで、身をもって経験しています。自分ではあまり自覚していなくても、自分にとっても話しかけにくい上司がいることに思い当たり、自分も負のオーラを出していたことに気づく。こんなオトナ世代、かなりいます。

「話しかけるな!」という空気感が積み重なると、いずれ部下の気持ちは離れていきます。そして部下が相談に来るのがより遅くなり、結果的に自分の首を絞めることになってしまいます。多かれ少なかれ、こうした悪循環は、オトナも分かっているはず。

とはいえ、なかなか改善されません。それは、やはり忙しいからです。

だから、**仕事が多いオトナほど、この残念なオーラが出てしまいます。**

イラモヤ解消法

若手社員から相談に来てほしいなら、やはり負のオーラを消すしかありません。

ここでは、即効性のある「話しかけにくいオーラ」の消し方をご紹介しましょう。

それは、**「相談OKタイム」と「集中タイム」の導入**です。

今なら相談ウエルカムですよ。ごめん、今は業務に集中したいので話しかけないで。

こうした状況が周囲と共有できれば、この問題はだいぶ解決されます。ある企業では、上司が今どっちの状況か、マークを作って、デスクに掲示するようにしました。相談OKな時間帯であれば、当然「話しかけにくいオーラ」は出にくいし、部下も安心して相談に行けますよね。極めてシンプルですが、非常に実効性のある施策だと思います。

⑯すぐに病みそうで、キツく怒れないんですけど……

オトナのイラモヤ

ある若手にミスを指摘したら、あからさまに傷ついたみたいな表情になった。そして、その翌日から会社を休むことに。え？　そんなに厳しく言ったつもりはないのに？　部下がミスを犯したなら、間違いは正すのがオトナの役目。しかし今どきの若者は線が細すぎて……。どう叱ればいいんだか……。

若手社員のホンネ

ミスをしたのは、申し訳なかったと思ってはいます。でも、言い方ってあるじゃないですか？　しかも、オフィスでみんないる前でガッツリ怒られるのって、公開処刑じゃないですか？　せめて会議室とかで個別に指摘してくれればよくないですか？

ちょっとキツく怒ったら、すぐに傷つく。一歩間違うと「辞める」に直結してしまう。怒られ慣れていない若手社員に腰が引けて、ついつい腫《は》れ物に触るような感じになってしまう。気を遣っても、何かあるとすぐパワハラのレッテルを貼られてしまう。

若者の間違いを正すのは、今や一触即発の難しいコミュニケーションともいえます。だからこそ、我々オトナが正しい叱り方を習得することは、リスクヘッジの観点からも極めて重要なのです。

そもそも、人間が爆発的な怒りを感じ、その衝動的な感情が持続するのは、どのくらいだと思いますか。

なんと、たったの6秒ほどだそうです。

だから、怒りを感じたら、まずは6秒間やりすごす。この6秒ルールで、怒りの衝動は相当収まってきます。6秒たってある程度クールダウンした頭で、改めて怒るべきかどうかを見極めます。

冷静になってみて、怒るまでもないことだと感じられれば、怒りを回避できます。

一方で、6秒たって考えても怒るべきだと感じたら、怒ってもよいのです。

しかしその怒り方はかなり違ってくるはず。怒りの衝動が収まってくることで、「感情的に怒る」という状態が、「冷静に叱る」へと変化していくからです。

また、冒頭のイラモヤ場面のように、**怒るシチュエーションも重要なポイント。**若手社員のホンネでも語られているように、公然の場面で怒るのは厳禁です。**怒られるにしても、せめて個別の場面で。これは周囲の目を気にする若手社員の切実な声**です。

筆者の組織開発研究の事例をご紹介します。

全国に約70店舗を展開する飲食チェーンで、従業員の定着率調査をしたときのこと。

1年間まったくスタッフが辞めていなかった店舗が2店舗だけあったのですが、その共通点は女性が店長だったことです。さらに掘り下げてみると、彼女たちのお子さんが同じ店舗でアルバイトしているということも共通していました。

ヒアリングして分かったのですが、母親でもある2人の店長さんは、「みんなの前で自分の子どもを怒ると、職場の空気が悪くなる」ということを気にしていました。だから子どもを怒るときには、バックヤードに呼んで個別に指導することにしたようです。

しかし自分の子どもにだけ、そういう対応をするのもマズイ。こうした配慮から、この2店では、従業員のミスを正すときには、人前でなく個別に行うことが、習慣になっていったのです。

1年間離職者ゼロだった理由はこれだけではないかもしれませんが、2店の共通点はこれだけでした。公開処刑にしないこと。この事例が教えてくれる教訓です。

イラモヤ解消法

「怒る」を「叱る」に変える。これは「アンガーマネジメント」というメソッドの教えです。そのエッセンスについては、終章で解説させていただきますね。

ちなみに、6秒ルールについて少し補足しておきます。

なぜなら、実は6秒って意外と長く感じるものなんです。だからこそ、やりすごすために、ちょっとしたワザを用いることをおススメします。

例えば、自分の怒りに「点数」をつけてみる。あるいはイラっときた瞬間に唱える「和みの言葉」を決めておく（飼っているペットの名前とか、おススメです）。

6秒間やりすごせるルーティンを、ひとつ持っておけばいいのです。

⑰キツく言うのもマズイけど、遠回しに言うと伝わらない

オトナのイラモヤ

あー、気が重い。明日のフィードバック面談。成果をあげたメンバーとの面談は、こっちも嬉しいし盛り上がるけど、まったく結果が出てないメンバーとの面談は滅入る。特に今どきの若手は打たれ弱いから、ほんと気を遣う。あんまりストレートに言いすぎるとすぐ傷つくし、だからといって遠回しにやんわり言ってもまったく伝わらないし。

若手社員のホンネ

あー、気が重い。明日のフィードバック面談。今回、評価低いはずだし。きっと、また一方的にダメ出しされるんだろうなぁ。アレって、ほんとヘコむ。こっちだってダメなのは分かっちゃいるんだし、ダメ出しだけじゃなくて、どうすればいいかアドバイスしてくれてもいいのに……。

フィードバック面談と聞いて、真っ先に思い浮かべるのは、冒頭の場面のような人事考課の「評価面談」じゃないでしょうか。

成果をあげたメンバーに評価を伝えるのは比較的簡単ですし、伝えるほうも嬉しいものです。問題は、評価が低いメンバーにフィードバックする場合です。

まさに、このイラモヤ場面のように、「直接的に言うと傷ついちゃうよなぁ。でも遠回しに言っても伝わらないしなぁ」といったような悩ましい経験をしたほうが、相当いらっしゃるのではないでしょうか。筆者も、その一人です。

一方で、**フィードバックされる側も、相当なストレスを抱えています。**

評価面談だけでなく、フィードバック全般に対するイメージを聞いてみたところ、ある若手社員は、「フィードバックと聞けば、ダメ出しのことじゃないですか？」と、苦笑交じりに語ってくれました。

他にも「言葉をかえれば、『詰め会』ですよね」とか、「傷口に塩を塗り込む面談」とか、自虐的にコメントが続々と出てきます。

いやはや、評判がよろしくありません。

そして、これは若手社員に限った話ではありません。日々の職場でフィードバックすることが多いオトナ世代も、当然、その上役からフィードバックを受けることはあります。（そして、筆者の経験による主観ではありますが）実は、上の階層になればなるほどフィードバックが雑になる気がします。

自分が言われて嫌なことを若手に言うのもどうかと思う。しかし、**こっちだって上から手厳しく言われることに耐えている。なんで若手にだけ気を遣わないといけないんだ。**

こんなイラモヤを感じるオトナもいるでしょう。

しかしながら、やはりフィードバックは、今どきの若手社員が望む「成長」を促すためにも、欠かせないコミュニケーションです。

逆に言うと、フィードバックスキルを磨くことができれば、若手社員を正しい道に導くことにつながります。彼らの成長は、言うまでもなく我々オトナの仕事をラクにしてくれます。だからこそ、やっぱフィードバック、頑張るべきです。

イラモヤ解消法

ネガティブなことを伝えるコツに関しては、終章で詳しく解説させていただくとして、ここでは、ちょっとしたポイントをお伝えしておきましょう。

それは、**「Youメッセージ」ではなく「Iメッセージ」で語る**こと。

「私」を主語にした表現を「I（アイ）メッセージ」、相手を主語にした表現を「You（ユー）メッセージ」といいます。Youメッセージには、「あなたはこうあるべきだ」という断定的な響きと、相手を責めるニュアンスが感じられます。

それよりは、「私にはこう見えた」「私はこう感じた」というIメッセージで伝えるほうが効き目があります。責めるニュアンスがかなり軽減されますから。

「アポイント件数が1日10件に達していないなんて、ありえないでしょ」ではなく、「アポイント件数が1日10件に達していないことを、私は残念に思う」のほうが、言われるほうにとっても、受け入れやすいでしょ。

イラモヤの素　若手社員の生態解説

もちろん認めてほしいけど、目立ちすぎると困るんです

最近の若者は承認欲求が強い。それは理解しているから、できるだけ褒める。
なのに、あんまり喜んでいる感じがしない。
一方で、打たれ弱いように思うから、厳しく接しにくい。
やんわり指導すると伝わらないけど、少しキツく言うとすぐに折れる。

オトナからすると、今どきの若者は、なかなか理解しにくい存在です。そして**理解しにくいがゆえに、腫れ物に触るように接してしまう。結果として、距離が縮まりにくい**……。「あー、なんてめんどくさいんだ！」というオトナの嘆き声が聞こえてきそうです。

隣の芝生が青くて仕方ない

若者の間で「意識高い」というと、ちょっと相手を揶揄するニュアンスがあります。本来、高い意識を持つことは良いことのはずです。それが、軽い悪口のようになってしまった。これは、世の中に「意識高い系」のアウトプットがやたらと増えてしまい、そうした他者のアウトプットに対して食傷気味になったことが一因です。

その一方で、意識高い投稿は、自分も「意識高くないといけない」という強迫観念を刺激します。自分の置かれた境遇や充実度、あるいは幸福度＝リア充の度合いを、他人と比較してしまい、相対的に自分はつまらない人間だと思い込んでしまうからです。

こう考えると、**SNSは「隣の芝生が青く見える」という人間心理を増幅してしまう装置**である、ということが分かります。

そうなると、自分の自己肯定感を高めるためにも、「リア充」アピールをしたくなるわけです。だからといって、能天気にリア充アピール投稿をするのは憚《はばか》られます。うかつに投稿して「出た、リア充アピール」「意識高い（笑）」「人と違う自慢、ウザい」などと、書き込まれたら致命的。友達に認めてもらいたくて仕方ないけど、**自分アピールが強すぎると逆に叩かれる。これが、若者の最大の恐怖**です。

だからこそ、常に誰かに見られているリスクを念頭に置いたうえで、いい具合に「いいね！」をもらえるように投稿する。今どきの若者は、極めて高度なコミュニケーションスキルを研ぎ澄ます必要に駆られています。

煙幕を張りながら自分アピール

例えば「匂わせ」という投稿スキル。「匂わせ」とは、事実を明言せずに、見た人がそれとなく気づくような何かを匂わせる行為のことを指す言葉です。

ＳＮＳやブログなどで、恋人がいるという事実を明言はしないものの、手をつないでいる写真などを投稿することで、交際を間接的に匂わせる。こうした恋愛関係のシーンでよく活用されます。

アピールしすぎもマズいから、**煙幕を張りながらさり気なく自慢する。**

そんな状況下で編み出された投稿の形態が、こうした「匂わせ」なのです。

煙幕を張りながら――。こうした価値観は、自己主張のマイルド化を促します。「ナシよりのアリ」「アリよりのナシ」。こんな言い方を聞いたことはないでしょうか。何かを評価する際に使う若者言葉として流行っています。いいとも悪いとも言い切らず、どんどん曖昧化していく自己表現。何ごとにもエクスキューズの余地を残す。こんなコミュニケーションも、他人に見られていることを前提にした、彼らなりの処世術の一端なのでしょう。

自分でも、本当のキャラを知らない

褒められたいけど目立ちすぎるのはマズい。こうした葛藤によって、若者の「素」が分かりにくくなっている。こうした状況に輪をかけるのが、彼らのキャラ意識です。

「なんで、そんな簡単に折れるわけ?」というイラモヤ場面でもお伝えしたように、**今どきの若者は、SNS上でいろいろなアカウントを使い分けることで、自らキャラを設定する**ようになっています。だからか、「本来の自分のキャラ」はさておき、「ありたい自分のキャラ」を演じるといった感覚が身についているのです。

もっと正確に言うと、こうした感覚は無意識の中で育まれてしまっているので、もはやキャラを演じている自覚さえない場合もあります。現実の自分から幽体離脱した理想の自分を、自分のキャラだと思っているのです。

自分でも本当のキャラを分かっていないんだとすれば、我々オトナに分かるわけがありません。

「微弱なSOS」のサインを見逃すな

意識高くなきゃいけない。そんなふうに思っている若者は、直接的に弱音を吐くのが苦手です。ネガティブな状況でも、周囲に相談することができません。

それでも、独り言のように「あー、最悪」とか「もうヤバい、しんどい」などと口にする若手っていませんか。無意識に理想のキャラを演じている若者が、無意識に独り言という「微弱なSOS」を発してしまうんでしょう。

これは十中八九、誰かに自分の大変さに共感してもらいたい「かまってちょうだい心理」から漏れ出た発言です。

しかし、本人が意識していないのだから、見かねた同僚や上司が「大丈夫？ どうしたの？」と声をかけても「なんでもないです。大丈夫です」と返ってくることになってしまいます。

当然のことながら、これ、ほぼ大丈夫ではありません。

SNSによって増幅された「承認欲求」と「周囲への忖度意識」の中で揺れる自意識。加えてキャラの「幽体離脱」。これが、今どきの若者を理解しにくくしているものの正体です。

そんな中で、**我々オトナにできることは、さりげなく彼らの承認欲求を満たすこと。そして彼らが発する微弱なＳＯＳのサインを見逃さないこと**です。

そのためには、職場での彼らをよくよく観察すること。結局のところ、若者に興味を持つことが、最初の第一歩。まずはそこから始めるしかなさそうです。

第3章

「それってやる意味あります？が口癖」の若手社員のトリセツ

生産性とかコスパとか、
そんなに無駄が
嫌いですか？

⑱一から十まで全部説明しなきゃ分からんか……

オトナのイラモヤ

午後の会議に使う資料の印刷をお願いした。プレゼン用の資料とその根拠となる詳細データ資料の２種類を10部ずつ。できあがった資料を若手が持ってきた。あ……これ全部Ａ４で印刷しちゃったの？　データの資料は文字が小さいからＡ４だとめちゃくちゃ読みづらい。できればＡ３で印刷してほしかった。そこまで説明しなきゃ分からんか。

若手社員のホンネ

印刷しておいてと頼まれたから、指示された仕事をやりました。印刷サイズの話は聞いてないし。それならそうと言ってくれれば、サイズを変えて印刷するのに。なんか、こっちが悪い的な空気なんですけど……。

資料を印刷するといった簡単な作業でさえ、このようなすれ違いが起きがちです。

オトナの「そのくらい察してほしい」に対して、若者は「言われなきゃ分からない」。

こうした認識のズレは、なぜ起きてしまうのでしょうか。

オトナが「そのくらい察してほしい」と感じるのは、これまで培ってきたオトナの仕事習慣からきています。この世代は、上司が何を考えているのか、常に想像しながら仕事をしてきました。だから阿吽《あうん》の呼吸が理想形。他者への想像力こそができるビジネスパーソンの証でした。

一方で、今どきの若手社員が「言われなきゃ分からない」となってしまう理由。

そこにも、デジタルツールの進化が絡んでいます。

インターネットが発達し、検索すればすぐに答えにたどり着けるようになった現代では、想像力を働かせながら考える必要が減ってきました。

その昔、人類が言葉を発明し、また文字を発明したことで、それまで持っていた第六感が退化したと言われます。大袈裟に聞こえるかもしれませんが、これと同じようなインパクトが現代に起きているのではないか。つまり、デジタルツールの進化によって、若者の五感が退化しているのではないか。彼らを日々観察しながら、筆者はこう感じています。

そういった観点に立ったうえで、冒頭のイラモヤ場面を改めて見直してみましょう。この若手社員は、資料を印刷することが「業務のゴール」になってしまっていました。この資料がどういうシーンにおいて、なんのために使われるのか。本来のゴールを想像するという視点に欠けています。

しかし、先述のように、今どきの若者にとって、もはや想像力は超能力。我々オトナは、このくらいの感覚で若手社員と接したほうがいいかもしれません。**「そのくらい察してほしい」と感じてしまうオトナの欲求は、若手社員にとっては「そのくらい」のレベルではなく、ある意味で「テレパシー」のレベル**なんです。

だとすると、一から十まで説明しなければ分からないというイラモヤを少しでも軽くするには、想像力の重要性を訴えるしかありません。

言われたことをそのままやるのではなく、その仕事の意味を解釈し、咀嚼《そしゃく》してから動き出すのが、本質的な進め方であること。

そのためには、この仕事はなんのためにやるのか、仕事の本来のゴールはどこか、を想像する必要があること。このあたりをきちんと説明することで、一から十ではなく一から六くらいまでの説明で動いてくれるようになるんじゃないでしょうか。

イラモヤ解消法

仕事のゴールを想像するには、**「そもそも」を考える習慣**が有効です。

そもそもなぜ印刷するのか、そもそも誰が使うのか。こう考えていくことで、言葉の表面上だけでは見えない、本来の目的に近づいていきます。

この仕事にはどんな意味があるのか？　自分が何を求められているのか？

仕事の全体像を想像できるようになれば、仕事へのスタンスも変わってくるはずです。最初は慣れないかもしれませんが、繰り返し繰り返し「そもそも」を考える訓練をしてあげてください。

⑲ホント、言われたことしかやらないんだよなぁ……

オトナのイラモヤ

お願いした報告書が上がってきた。「まとめ」のページが空白だ。確かに「『まとめ』はこっちがやるからいいよ」とは言った。まだ今回の報告書の総括を任せるのは早いから。でも「一回、トライしてみたので見てもらえますか」とか、そういう発想あってほしいんだけどなぁ……。

若手社員のホンネ

いやいや、言われたことしかって……。指示されたことを普通にやって納品して、それでイラっとされるって、ほんと意味分かんないんですけど。だったら、報告書をつくる業務をオーダーする時点で「『まとめ』も書いてみて」って言ってくれればいいのに。それだったら、こっちだって書いてみますよ。

ホント、残念なくらいに、言われたことしかやらない。

若手社員に対するこうした声は、オトナ世代からほんとによく聞かれる嘆き声です。

しかし一方では、若者の脳内に渦巻く「言われたことをやったのに、なぜか怒られた」という言葉を目の当たりにすると、それはそれで若者の言い分のほうが合理的にも感じます。でも釈然としないイラモヤは消えません。

なぜ我々オトナは、言ったこと以上のことをやってほしいのか。

この気持ちも、前項の「一から十まで全部説明しなきゃ分からんか……」と同じく、これまで培ってきたオトナの仕事習慣に起因しています。

自分たちが若手だったときは、言われたこと以上の仕事を自分からやってみることで、評価されてきた。言われたこと以上のことをなんとか返していく。その繰り返しが「できるヤツ」という信頼につながる。評価とは、そうやって勝ち取っていくもんだ。こういう価値観が根っこにあるから、下の世代にも、つい期待してしまうんですよね。

だから、言われたことをやるのは最低限の納品くらいの意識でしょう。

期待に応えるのは当たり前。というか、もっと言うと期待を超えていくのだ――。

こんな仕事の仕方を望んでいるのです。それが、本人のためにもなると知っているからです。


しかし、**そうした意味合いについて、きちんと伝えながら仕事を振っているオトナって、どのくらいいるんでしょうか。心の中で思っていることはグッドだとしても、それだけでは、残念ながら今どきの若手には伝わりません。**


言われたことしかやらない。

このイラモヤにこそ、本書で繰り返しお伝えしている「若者視点にたって、若者のためになる合理的な伝え方」が役に立つはずです。言わずもがなですが、ヤル気や本気度を問うようなコミュニケーションは、まったくもって逆効果です。

若者視点のメリットとは、「評価されること」や「成長できること」だけではありません。もっと彼らにとって身近に感じるメリットがあります。

それは「仕事のやりやすさ」。今どきの若手社員は、過度に口出しされることなく自由裁量をもって働けることを強く望んでいます。そこに訴えかけるのが、一番効き目があると思います。

イラモヤ解消法

「若者視点にたって、若者のためになる合理的な伝え方」については、終章の「その仕事の目的を擦り合わせる」でも解説させていただきますが、ポイントだけ触れておきます。それは、**若手が享受できるメリットを、いかに若手目線で翻訳できるか。**

言われたこと以上のちょっとした気遣い→仕事ができるという評価→ある程度任せても大丈夫という信用→進捗確認やマイクロマネジメントが減る→結果的に、自分のペースで仕事ができて仕事がやりやすくなる。

こんな感じの「風が吹けば桶屋が儲かる」的な流れで語ってみてください。

⑳まずは一回、自分で考えてみてほしいんだけどなぁ……

オトナのイラモヤ

ある案件でデータ収集の仕事を頼んだら、「初めてなんですけど、どういうデータを調べたらいいいんですか？」と返ってきた。こっちとしては、この案件を進めるのに必要そうなデータが何か、ってとこから考えてみてほしいわけで。最近の若いヤツって、とにかく答えを知りたがる。まずは一回、自分で考えてみてほしいんだけどなぁ。

若手社員のホンネ

なんでもかんでも自分で考えるのって無駄じゃないすか？　答えがあるなら、それ先に教えてもらったほうが、シンプルに考えて絶対的に効率いいっすよね。

「フォークボールの握りは教えないよ。必要なら見て盗めばいいいんだよ」

その昔、プロ野球選手が新聞のインタビュー記事で、自分の決め球について、こう語っていた記憶があります。

これは極端な例かもしれませんが、**確かに、ひと昔前は、丁寧に仕事を教えてもらえることは少なかった**かもしれません。

上司や先輩から仕事を振られるときも、「とりあえずやってみてよ」といった雑なオーダーがまかり通っていました。若手は先輩のやり方を見よう見まねでやって覚えていくのが、ある意味当然でした。

もうちょっと考える習慣を身につけてほしいんだけど……。

すぐ答えを知りたがる今どきの若手社員への違和感は、「一から十まで全部説明しなきゃ分からんか……」や「ホント、言われたことしかやらないんだよなぁ……」のイラモヤ構造と、基本的には同じでしょう。

まずは、自分の仕事が捗《はかど》らないという、極めてシンプルなイラモヤ。

一から十まで説明するのはめんどくさいし、言われたこと以上のことにまで気を回してほしいし、ある程度雑に仕事を振っても自分でなんとか対処してほしい。**なんでもかんでも、やり方まで細かく教えていたら時間がもったいないし、なんなら自分がやったほうがよっぽど早い。**そういったイラモヤです。

そしてもうひとつは、「仕事とはそうして覚えていくもんだ」という自分たちの仕事習慣からくるイラモヤ。その仕事のゴールに対する想像力、言われたこと以上のアウトプット、あえての試行錯誤。こうした仕事の進め方が重要だと思うのは、自分たちが、そうやって成長してきたという経験則があるからです。

若手にも育ってほしい。そう感じるからこそ余計にイラモヤしてしまうんですよね。

そんな中でも、「まずは一回、自分で考えてみてほしい」というのは、最も若手の成長に対する思いが強いイラモヤかもしれません。

若者の成長のためによかれと思って、あえてあまり情報を与えることなく仕事を振り出す。**悩みの時間や立ち止まって考えることが、成長につながる。だから、すぐに答えをほしがるな。**まずは一回、自分で考えてみてほしい。こんな気持ちを抱きながら。

しかし、**こうした気持ちは残念なくらい一方通行**です。

イラモヤ解消法

このイラモヤは、前述のように、前に取り上げたふたつのイラモヤと同じ構造です。

そこでいくと、その解消法も、同じように、若手社員に「その意味合いやメリットをきちんと伝えること」になります。

……なんですが、実は、それが難しい場面かもしれません。

極端なくらい時間の無駄を排除しようとする合理主義者に、立ち止まって考えることのメリットを感じてもらうのは、なかなかハードルが高いと思われるからです。

無論、生産性を高めたいという若手の思考にも見習うべき点はありますし。

ここは、少し歩み寄るべきじゃないかと思うのです。ケースバイケースで、ある程度の情報やヒントを提示しながら、考えてもらうべきところに注力してもらう。こんな折衷案です。具体的な方法は、次項のイラモヤ場面で解説しますね。

㉑任されたいのに指示待ちって、どっちなんだ？

オトナのイラモヤ

単純作業をお願いしたときは、だいたいヤル気がなさそうな顔してる。だからって、ちょっとプランを考えるような仕事を任せてみると、やり方を細かく教えてほしいとか、マニュアルとかテンプレートってありますか、だって。「任されたいのか指示してほしいのか、どっちなんだよ？」と言いたくもなるよ……。

若手社員のホンネ

全部、手順が決まってるとヤル気が出ない。マニュアル通りの作業しかないと、自分じゃなくてもいいって思っちゃう。だってマニュアル読めば誰だってできるし。だけど、それとテンプレを使わないことは違う話じゃない？　考えなくていいところは省いて、考えるべきところに時間を割くべきだと思う。

任されたいのに指示待ち。

言われた通りの作業はやりがいがないとか言うくせに、考えてみてと言ったらマニュアルやテンプレがほしいと言う。オトナから見たら矛盾に満ちています。

このケースは、若手の成長を期待するからこそ、若手に歩み寄って「せっかく任せたのに」という働きかけがあった分、「まずは一回、自分で考えてみてほしいんだけどなあ……」の場面よりも、さらにイラモヤが募ることでしょう。

しかし若者にも言い分があります。

往々にしてあるのが、オトナ世代のマイクロマネジメント。仕事を任せたというわりには、若手を信頼しきれないオトナも多く、細かい進捗管理に走ったり、たくさんの手直しを入れたり、といった場合も少なくありません。

みなさん、思い当たること、ありませんか。筆者は、すごくあります。

「考えてみてって言われたから、自分なりに一から考えて企画を出したこともあるけど、いろいろ直されて、結局ほとんど上司の考えになった……」。オトナのマイクロマネジメントによって、多くの若者がこういう経験をしているわけです。

オトナには、マイクロマネジメントによる過干渉の意識はありません。自分たちだって、知恵を絞って考えた企画やアイデアが散々卓袱台《ちゃぶだい》返しされてきた。そんな中で育ってきたからです。むしろ、こうしたマネジメントを乗り越えてきたからこそ成長してきたのだという自負さえあります。

しかし、合理的な若手社員は違います。

せっかく考えたのに、結局、上司の考えた答えに行きつくのなら、考えるだけ無駄。「手直しされた内容を考えるのに費やした時間と手間ってなんなの?」と思うのです。

自分の考えた結果が成果物にちゃんとつながることだけに集中したい。だから考えなくていいところや、考えても無駄なところは省いて、考えるべきところに時間を割くべきだ。これが今どきの若者の仕事観なのです。

マニュアルやテンプレートは、彼らにとって考えなくていいところをショートカットできる高速道路のようなものなのです。高速道路があるのに乗らないなんて非合理的。

このように例えると、ちょっと理解できませんんか。

イラモヤ解消法

もちろん、若手に仕事を任せることが成長につながるというオトナ側の思考も間違いではありません。では、いったいどうすればいいのか。

結論から言うと、**「8割テンプレ・2割余白」で仕事を任せるくらいがベスト**です。

まず「型」を教えてあげることは不可欠。書類のテンプレや雛形のようなものを渡してあげましょう。そして、ちょっと自分なりに工夫しても大外れにはならないよ、と示してあげます。無駄なやり直しが大嫌いな若者に、答えを示しつつ工夫する余地も与えるという作戦です。

要するに、**彼らがほしがっている答えというのは、ベースの「型」**なのです。言う通りにしろと命令されたいわけではありません。難しく考える前に「8割テンプレ」は提供してしまいましょう。2割の「余白」が、若者にとっては貴重なアイデンティティの発露。どう使って型を破るかは若手次第です。

㉒明日でいいですか？って、たった1時間も残業できないの……？

オトナのイラモヤ

明日中に仕上げる予定だった会議資料。議長だった上役に緊急の仕事が入り、会議の時間が早まってしまった。部下に頼むのは気が進まないが、どう考えても手分けして作成しないと間に合わない。そしたら案の定、「明日の朝から取り掛かるのでいいですか？」って。それじゃギリギリすぎるから頼んでるってのに……。

若手社員のホンネ

もちろん残業はイヤですよ。とはいえ、どうしても残業しなきゃダメなときはやってるつもりです。でも今回の資料って、明日の朝イチからやっても間に合いそうじゃないですか。そりゃギリギリかもしれないけど、間に合うんなら、今日は帰ってもよくないですか？

ギリギリだと資料の完成度が不安。何かミスがあったときの手直しが利かない。だから、定時の鐘が鳴っても、夜のうちに作業して今日中に資料を仕上げておくべきだと考えるオトナ世代。

逆に、ギリギリでも間に合うのなら、定時後の時間を費やしてまで資料を仕上げる必要はないと考える若手社員。

残業をめぐるお互いの価値観の溝。これも、なかなか埋まらない溝でしょう。

昔はとにかく長時間働くことが美徳であり正義でした。

今から30年以上も前、平成に入ったばかりの頃に、「24時間戦えますか？」というCMキャッチコピーが大流行しました。また「5時からオトコ」という健康ドリンクのCMもバンバン流れていました。

ちなみに「5時からオトコ」というのは、午後5時までは適当に仕事をこなして、会社終わりの5時から元気になるサラリーマンのこと。今どきの若者から、「じゃ、5時まではなんだったんすか？」とツッコミが入りそうです。

当時はスマホなんかないから、一度会社を出れば何をしようが見つからない。営業職なんかだと、外でうまくサボりつつ、夕方、会社に戻って残業してますアピール。当時の評価は仕事量。たくさん働ける（と見える）馬力は、出世に必須の時代でした。5時からオトコは、24時間戦う前提社会における必然的ワークスタイルだったのです。しかし、こうやって振り返ってみると、相当歪んだ時代だったように感じませんか。

一方で、今の時代は「労働時間」に対して、とても意識する必要に迫られています。リーマンショック以降右肩上がりに景気が回復、人手不足が広がる中で長時間労働が横行しました。こうした過重労働に歯止めをかけるためにも、２０１９年に働き方改革関連法が施行され、職場では厳格な残業規制が運用されることになりました。

この**働き方改革の流れ、生産性を大事にする若者の価値観と相性がいいのは明らか**ですよね。だから**今の職場では、残業嫌いの若手社員のほうが正当化されがち**です。「同じ量の仕事を、昔より短い時間でやらないといけない。昔の人はいくらでも時間をかけられたが今は違う」。オトナからすると、なんか生意気な発言に聞こえます。でも彼らの言い分のほうに分がある。余計にイラモヤしますよね。

若手が残業を嫌う理由は、もうひとつあります。5時からの過ごし方が、昔とはまったく違うのです。彼らは、ＳＮＳで何百人とか千人超というフォロワーとつながり、いくつものコミュニティに所属して、マルチに活動しています。

だからこそ、仕事を効率良くこなし、自分がやりたい活動のためにどうやって時間を生み出すか。彼らは常に気にかけているのです。

イラモヤ解消法

オトナ世代には仕事に費やせる時間がたっぷりあったけど、自分たちは違う。

今どきの若手社員たちは、こういう感覚で日々仕事しています。

職場に流れる時間の感覚が、オトナと若手で大きく違うんです。ところが、それを理解できていないオトナは、自分の時計で若者を縛ってしまいます。

上司の時間も部下の時間も平等に流れている。

この認識は必要かもしれません。これは筆者自身、自戒の念も込めて言ってます。

㉓朝礼ってのは、集まって士気を高めることに意味がある

オトナのイラモヤ

朝礼ってのは、仕事のスイッチを入れるためにあるわけでさ。みんなが集まって、顔を見合わせることで士気を高めていく。そこに意味があるんだから、連絡事項を話すだけならメールでいいとか、そういうことじゃないんだよね。話す内容は極論すればどうでもいいんだよ。

若手社員のホンネ

朝礼なんて要らないと思う。連絡事項をみんなの前で話すだけならメールでよくね？ フレックスタイムとかテレワークとか、柔軟な働き方が大事だと言われる時代に、朝から拘束されるって、どうなのよ？

あなたの会社では「朝礼」は行われているでしょうか。

始業時に部署ごとに集まって、現在の成績、今後の目標、今日の予定が共有され、上司からの訓示が述べられる。かつては、どこの会社でも見られる風景でした。しかし今、この**「朝礼」も、働き方に関するオトナ世代と若者間の「対立の構図」を浮き彫りにする代表格**です。

今どきの若手社員は、明らかに朝礼には否定的です。

ある企業が新社会人への意識調査を行ったところ、無駄に感じる時間として朝礼がトップでした。理由としては「上司の訓示が長い」「スローガンの連呼に意味があると思えない」「その時間を仕事に充てたい」「スピーチさせられるのが嫌だ」などなど。

そんな若手の気持ちを代弁するかのように、朝礼を廃止する企業も少なくはありません。情報がメールなどで共有できるようになったこと、フレックスタイムの導入で始業の時間が揃わなくなったこと、などがその理由の大半です。

一方で、オトナ世代は、朝礼が当たり前で育ってきました。朝礼には、「顔を見て声を聞いてこそ、組織としての団結が強まる」「情報共有だけが目的ではない」などなど、組織としての意思統一が図れることや、気分のスイッチが切り替わることといった精神面での効能を感じている人が少なくありません。

そういうオトナは、朝礼がない＝なんとなく出社してなんとなく仕事を始める風景に、物足りなさや不安を感じてしまいます。

朝礼に逆風が吹き荒れる中、実はユニークな朝礼で注目を集めている企業もあります。全国にチェーン展開するある飲食店は、外部から多くの見学者が集まるほどの朝礼を行っています。

朝礼時間は15分。内容としてはスピーチ、ナンバーワン宣言、あいさつとハイの訓練、最後に店の目標の宣言と一本締め。それこそ若者が嫌がる朝礼の典型的な例です。あまりにもテンションが高いこともあり、この会社の朝礼に賛否両論があるのは、筆者も知っています。

しかし、ここで論点にしたいのは、その内容ではなく、「漫然としたルーティンとしての朝礼」ではなく、「明確な目的を持った朝礼」を開催していること。

だからこそ、見学者の一部からは「自分の職場でも同じような朝礼をやりたい」などといった声が出てくるんだと思うのです。

熱血型の朝礼とは真逆に、じわじわ心に沁みる朝礼を実施している企業もあります。あるコンサルティング企業の朝礼は、「感謝」をコンセプトに置き、一緒に働いたスタッフに対して感謝のスピーチをローテーションで行っています。感謝し感謝されることで、少しずつ社内の雰囲気が良くなっていったといいます。

イラモヤ解消法

朝礼がすべて悪。こうした若者の主張は、確かに極端すぎるとは思います。

だからこそ、**漫然とした朝礼ではなく、意味のある時間にすることが重要**です。

もちろんその内容は、職場それぞれのカルチャーによって違っていいと思います。

いずれにせよ、情報の共有だけならメールで可能な時代だからこそ、目的を持った工夫を施す。それが実践できれば、今どきの若手社員にとっても、朝礼は必要なものに変わっていくかもしれません。

㉔やっぱ会議って必要でしょ

オトナのイラモヤ

会議は無駄っていう風潮があるのは分かる。そりゃ無駄な会議もあるだろうけど、集まる意味もある。資料では伝えきれないニュアンスとか発表者の温度感とか、みんなで顔見合わせてやるからこそ、伝わってくるわけだし。そういう状況でとことん議論を尽くすからこそ、いい結論にたどり着けるわけでさ。

若手社員のホンネ

基本的に無駄な会議は嫌い。集まることだけが目的の会議ってなんの意味があるのか、まったく分からない。要らないなら無くすという引き算思考が大事。無駄を減らしつつ本来やるべき仕事にフォーカスしていくのがスジでしょ。

働き方改革の文脈から、生産性向上が叫ばれるようになった。これはすでにお伝えしましたよね。もちろん理想の働き方は、就業時間内に仕事を終わらせることです。

時間の無駄遣いを助長する業務は、企業単位、部署単位で仕事を見直して、最小限にしていくべきでしょう。そんな中で、無くすべき業務の筆頭として、（前項の「朝礼」とともに、もしくはそれ以上に）槍玉にあげられるのが「無駄な会議」です。

若者世代は、会議を減らす風潮に全面的に乗っかっています。**時間の無駄を極端に嫌う彼らにとって、会議は無駄の最たるもの**に映ります。

必要な資料などをメールで共有しあって、メールやチャットツールを使って意見を出し合って結論をまとめていく。それでザッツオール。こんな仕事の進め方を好みます。

一方で、顔を合わせることに大きい意味を感じるオトナ世代は、なにかにつけ集まりたくなってしまいます。無駄な会議があることは頭では理解していても、長年しみついた仕事の進め方を変えるのはなかなか難しいもの。メールのやりとりだけで議論を進めることにも、しっくりこなくてイラモヤする人が大半でしょう。

そもそも、会議の持つ意味合いとは何でしょうか。

会議を行うことで、多くの人と意見交換をして結論を導き出す。あるいは新しいアイデアが実行可能か多角的に検討することができる。また会議で集まることが、コミュニケーションのきっかけづくりになる。顔を合わせたついでに確認したかったことを尋ねる「ついで聞き」の場となっている、という副次効果もあります。

無駄な会議も確かにたくさんあるのでしょうが、短絡的に会議を減らせというベクトルに向かうのもどうかと思います。本当に必要な会議もありますから。

だとすると、**とにかく集まりたいオトナ世代と、とにかく無駄だから無くしたい若者の間で、会議の目的や定義をきちんと再整理して、必要か不要かを見極めていくべき**じゃないでしょうか。つまりは仕分けです。

誰が見ても無駄な会議の筆頭は、言うまでもなく集まることが目的になっている会議です。恒例となっているからといった理由で定期的に開催される会議などは、明らかに形骸化している可能性があります。

そして、もうひとつ**見直すべきは、やけに人数が多い会議**です。

出席者の半分にとって有意義な会議であっても、残り半分にとっては業務に関係のないことであった場合、その会議は半分の社員にとっては、それこそ無駄な会議です。

ざっくりと招集するのではなく、誰を呼べばいいかをちゃんと吟味するだけで、不毛な会議論争は相当減るんじゃないでしょうか。

イラモヤ解消法

何が必要で、何が無駄なのかを見極めながら、適切な方法で開催するのが、正しい会議のあり方です。開催目的を明確にし、適切な出席者で、決定権を持つ人物の管理下で行えば、会議が無駄になることはないでしょう。

最後の重要な視点。これまで意味があったからといって、惰性で開催するのではなく、**その会議を行う意義については、定期的に見直しましょう。昨日の有意義が今日の無駄になっていることも多々あります**から。

㉕会議を30分で終わらせるって……やっぱ短くない？

オトナのイラモヤ

最近、会議を30分で設定してくる若手が増えた。取引先のあるＩＴベンチャー系なんかだと、「会議に1時間かけるのは仕事ができないヤツ」的な空気感をもろに出してくる。いや、会議の時間がダラダラと長いのは、そりゃアカン。でも30分って、やっぱ短すぎないかな？　なんかちゃんと議論できる気がしないんですけど……。

若手社員のホンネ

上の世代って、「なんとなく会議の単位は1時間」と決めてかかってる。こういう習慣が仕事の生産性を下げてるってことに、まるで気づいてない。議題について話し終わったのに、まだ時間が残っているから、と意味のない会話とかしちゃって。ほんと時間の無駄だと思う。

会議に関するイラモヤ第2弾です。

日本の会社では、会議や打ち合わせの所要時間として「1時間」を設定する場合が多いと思います。

しかし、**なぜ1時間かける必要があるのか？ 改めて考えてみると、明確な答えがないことに気づきます。**「以前からそうだから」「きりがいいから」「なんとなく」……。そんなあやふやな理由で、「1時間会議」を続けているのが実態ではないでしょうか。

確かに、最初から会議の所要時間を1時間と設定してしまうと、参加者は当然、その会議は1時間かかるものと思ってやってきます。本来なら30分で終わらせられる内容であっても、わざわざ1時間かけて会議をすることになるのです。

この「なんとなく1時間意識」がベースにあると、会議にかける必要性の薄い案件まで議題に上げることになってしまったり。挙句の果てには、冒頭の若者の嘆きのように「まだ時間が残っているから」と意味のないコミュニケーションに貴重な時間を費やしてしまったり。みなさんも、思い当たるフシはありませんか。

こう考えると会議の「なんとなく1時間意識」は、確かに非効率な気もします。

現に、あのトヨタは、会議や打ち合わせは原則として30分で設定しています。

ちょっとしたことのようですが、こうした「少しの差」を愚直に積み重ねることで、最終的には巨大な差をつくり出す。まさにトヨタ式の「カイゼン」です。

時間が限られているという意識が参加者全員に共有されるため、余計な世間話などしていられません。トヨタでは、会議が始まるやいなや、すぐに議題の確認と本質的な議論へと移るそうです。

筆者の知り合いの若手経営者も、自分の職場で「倍速会議」とネーミングして30分会議をデフォルトにしたと、自慢気に話していました。

会議の時間を短くすべきだという若手の主張に関しては、オトナとしても全面否定するわけではありませんよね。さすがに3時間かかるような会議はどうかと思いますし。

とはいえ、「そんな短時間で、いくつもの議案についてディスカッションから意思決定までできるのか？」という率直な疑問も湧いてきます。

そんな中で、これまで60分会議を標準にしていたのを、ただ30分の設定にしただけだと、恐らくはその時間内で議論が終わらず、消化不良感が残る会議になるでしょう。

イラモヤ解消法

おススメは、**「15分」をワンブロックとして、会議時間を積み上げていく**方式です。

人間の集中力を維持するためには、「15分」をワンブロックとして考える必要があるという研究結果があります。これを、会議にもそのまま当てはめてみるのです。

「15分」をワンブロックとして、それを2サイクル回す「30分会議」を、会議の基本とする。

具体的には、「インプット（共有）＋アウトプット（議論）」の2部構成で、基本的に「15分以内」という制約を設けて進行する。そのうえで議題の数や内容によっては「45分」「1時間」と時間の設定を増やしていくのです。

こうして議論にどのくらい時間をかけるか、という意識付けから始める。

これでも、会議の時間を効率化していくには、十分な第一歩だと思います。

イラモヤの素　若手社員の生態解説

時間の無駄は許せないし、せっかく時間を使うなら後悔したくない

今どきの若者の仕事ぶりが、なんか物足りない。

言われたことしかやらないし、自分で考えてみてほしいのに、すぐに答えをほしがる。任されたいオーラが出てるから任せてみたら、なぜか指示待ち。

イラモヤ場面でも取り上げましたが、オトナからすると、「そのひと手間なんだよ！」とか「一見無駄に見える行動が大事なんだよ！」とか「一回、想像してみようよ！」とか、叫びたくなるようなことが多々ありますよね。

なぜ、今どきの若者は、ちょっとした手間を惜しむのか。極端に無駄を嫌うのか。超合理的で生産性至上主義と言われる若者の価値観について、改めて考察してみましょう。

超合理主義はコスパが大好き

今どきの若者の合理的な価値観を象徴するのが、彼らのコスパ意識です。

メディアではよく「今どきの若者は欲がない」「お金の使い方を知らない」などと語られます。確かに、序章でもお伝えしたように、彼らは比較的恵まれた時代に育ったことで、金銭への執着は少ないほうです。また一方で、未来への展望を持ちにくい時代でもあるので、将来に対する経済的不安は、いつも脳内に鎮座しています。

稼ぐことにも消費することにも、ギラギラした欲がない。超現実的で、それなりに稼いだ分を堅実に使う。そんなコスパ意識に拍車をかけたのがメルカリです。

「1円でも損したくない」という気持ちもさることながら、若者は値引きの駆け引きを楽しんでいるフシがあります。だから「なんで高いお金を出してそんなものを買ったの？」と言われることが最大の屈辱。**コスパはもはや、合理的でありたい若者にとって強迫観念と化していると言っても過言ではない**でしょう。

こうしたコスパの概念は当然、仕事にも適用されます。

飲み会のコスパ、残業のコスパ、出世のコスパ、なんでもコスパです。やたら残業して40万円稼ぐより、定時帰りで20万円ならそれでいい。叱られまくって40万円稼ぐより、叱られないで20万円のほうがいい。これがデフォルトです。

倍速視聴、ネタバレ視聴が当たり前

「コスパがいい」は当たり前ですが、**昨今では「タイパがいい」という言葉まで登場しています。「タイムパフォーマンス」の略、いわば「時間コスパ」**です。

タイパがいいとする代表例に、映画などの娯楽動画の「倍速視聴」があります。

2時間の作品を1時間で観るわけなので、確かに効率はいいです。趣味や娯楽においても生産性を追い求めるタイパ意識が広がっているのです。

確かに、YouTubeにNetflixなどなど、いま娯楽動画はあふれ返っています。

つまらない作品をつかまされて、時間が無駄になるのを避けたい。

手っ取り早く重要作品をおさえたい、ポイントを知りたい。

こうしたタイパ意識が高じた結果、「倍速視聴」どころか、「ネタバレ視聴」という風潮も出てきました。

ネタバレ視聴とは、内容をダイジェストで紹介している動画、もしくはまとめサイトや口コミサイトのあらすじを読んで結末まで把握したうえで、視聴するというもの。

「犯人が誰なのかあらかじめ知った状態で観たい」とか、「自分が推している登場人物がどうなるのか分かったうえで観たい」と若者は言います。

誰が犯人か知ったうえで刑事モノとか観て何が楽しいんだろうか。

オトナ世代からすると、理解しにくい感覚ですよね。

しかし、**彼らにとっては、結末が分からない「ドキドキ感」より、せっかく費やす時間を後悔しない「安心感」が勝る。**自分が投資する貴重な時間なんだからできるだけ有益に使いたい。彼らの時間への執着心を端的に示しています。

貴重な時間を費やす納得感

彼らが、ここまで時間を大切にする背景にも、SNSが関係しています。

「明日でいいですか?って、たった1時間も残業できないの……?」のイラモヤ場面でもご紹介しましたが、今の若者はSNSで人によっては千人単位のフォロワーとつながり、いくつものコミュニティに所属して、マルチに活動しています。

自分がやりたい活動の時間を捻出するために、とにかく効率良く仕事をこなしたい。

我々オトナからすると本末転倒な気もしますが、これが彼らのワークライフバランス意識です。

「それって、やる意味あります?」

職場で、若者からこの言葉をよく聞きませんか。

ここまで時間にこだわる若者にとって、自分の貴重な時間を費やすとなれば、とにかく合理的な納得感が必要なのです。

だから、意味と目的を理解できないとスイッチが入りません。

無駄 vs. 合理性

合理的な若者による無駄の排除思考。

この考えは、世の生産性向上に対する追い風を受けて、どんどん正当化されているように思います。**「中世の魔女狩り」ならぬ「Z世代の無駄狩り」**とでも言うのか、若者の無駄排除思考のほうが大義名分がある。この風潮はオトナには分が悪いです。

朝会、会議、残業。確かに、減らせるものも少なくありません。

しかし、捨ててはいけないものもありますよね。「そのひと手間なんだよ」とか「回り道に見えるけど長い目で見たら成長につながる」とか「一回、想像してみようよ」とか。これらは若者からすると、一見無駄に見えるかもしれません。しかし、**我々オトナは、その無駄に見える行動こそが後々役に立つということを、経験則から知っています。**

だからといって、上意下達で頭ごなしに語っても、今どきの若者にとっては「やらされ感」しかありません。

若者視点にたって、若者のためになる合理的な伝え方。

これが、本書における若者へのコミュニケーションの基本スタンスですと、繰り返しお伝えしてきました。合理的な彼らを動かすには、この伝え方が最も必要とされるのかもしれません。

若手が享受できるメリットを、いかに若手目線で翻訳できるか。

第3章で取り上げたイラモヤの数々を解消するのは、ここに尽きます。

第4章

「人生100年時代なのに、なぜだか生き急ぐ」若手社員のトリセツ

自分のキャリアのことしか
考えてないよね……

㉖副業もいいけどさ、本業がおろそかになってない？

オトナのイラモヤ

本業で充実しているのならば、副業に手を出す必要がない。本業がうまくいっていないから、副業に逃げているんじゃないのか。あるいは副業で、ラクして儲けたいのか。いずれにせよ、本業を頑張れないヤツが副業で稼げるわけがないだろ！　もしくは副業に気持ちが行きすぎて本業がおろそかになったら、本末転倒じゃないか。

若手社員のホンネ

副業を認めてもらって、自由にさせてもらえる。そんな会社には愛着を感じるからこそ、会社にお返ししたいと思う。本業で成果を出せないと申し訳ないから頑張る。それなのに、本業がおろそかになってないかって、最初から疑ってかかるのもどうかと思いますけど。

従業員の副業を認めている会社は、どのくらいあるのでしょうか。

東京都が行った都内企業への調査では、「全面的に認めている」は6・3%、「条件付きで一部認めている」は28・6%。認めている理由は、「柔軟な働き方による優秀な人材採用」「人材の定着(=離職率の低下)」「従業員のモチベーション向上」などです。

一方で「認めていない」は64・3%。その理由(懸念されること)は、「本業がおろそかになる」「業務への支障」など。また今後、副業を認めるかどうかについては「当面取り組む予定はない」が断トツです。

おそらく日本で最も副業が進んでいるであろう東京都でさえ、副業に対する理解はこのレベルです。

オトナ世代の頭の中も、多かれ少なかれ同じような感じじゃないですか。

そんな器用にいくつもの仕事ができるものか? 本業一本槍でやってきたオトナにとっては、副業派の若者に対して、こう感じますよね。

ただし、**もっと根底にあるのは、ある種の淋しさみたいなもの**じゃないか、と筆者は感じています。もっと有り体に言えば、好きな異性に二股をかけられたみたいな。もちろん、そんな自覚はあまりないんだと思いますが。

しかし、冒頭の若手社員のホンネにある通り、**副業している若者のほうがむしろ本業へコミットしています。**筆者の知る限りでも。こういうケースのほうが実は多いです。本業で成果を出せないと後ろめたい。あるいは、せっかく副業を認めてもらっているから、頑張って会社にお返ししたい。

意外と真面目な今どきの若者には、そんな心理が働くようなんです。

そもそも、なぜ若者は副業を希望するのでしょうか。

これは、序章でお伝えした今どきの若者の価値観そのものと言えます。

少し重複しますがおさらいしておきましょう。

コワーキングスペースやシェアオフィスの登場が、働き手をオフィスから解放しました。物理的なつながりが薄れていくことで、精神的なつながりも薄まってきます。そこにコロナ禍が重なり、一気にテレワークが普及。会社や職場への帰属意識が希薄になっていく流れに拍車がかかりました。

また、クラウドソーシングという働き方、ユーチューバーなどのインフルエンサー、ウーバーイーツに代表されるギグワーカーなど、仕事の選択肢も増えています。

ひとつの会社に依存せず、ひとつの仕事にとらわれず、空いた時間を使って複数の仕事をこなしていく。若者がこうした働き方を希求するのは、もはや時代の必然。

副業が一般化していく流れは止まらないでしょう。

イラモヤ解消法

もし副業に携わる若者が周囲にいた場合、オトナはマインドを少しリセットすべきじゃないでしょうか。まず、**心の奥底にある（であろう）副業自体に対する嫉妬は捨てましょう。**本業をおろそかにしていないか。そう決めつける先入観も捨てましょう。

そのうえで、仕事ぶりを冷静にチェックしましょう。仕事のパフォーマンスが下がっていれば、もちろん遠慮なく指摘すればいいいんだと思います。

㉗え、辞める？　昨日の面談では元気だったのに……

オトナのイラモヤ

「すみません、来月いっぱいで辞めようと思います」「え？　マジで言ってる？」。やっと仕事も覚えてきた。これから戦力として楽しみだ。そう思っていた矢先だったのに。ていうか、昨日の１on１面談のときは、普通に元気だったじゃない？　新しい案件にも積極的に関わりたいって言ってたし。あれは、何だったんだ？

若手社員のホンネ

突然、辞めることになったのは申し訳ないと思ってはいます。でも、だいぶ前から、この仕事は自分に向いてないかなぁと思ってました。いつも怒られてばっかだし。水面下で面接受けたら受かっちゃったんです。

最近の若者はすぐ辞める――。

オトナ世代のこうした声は、ほんとにあちこちから聞こえてきます。

オトナの脳裏に浮かぶであろう、今どきの若者へのイラモヤを代弁してみます。

子どもの頃からあまり怒られたことがなく、甘やかされて育てられたせいか、はたまたゆとり教育のせいか、最近の若者は本当に打たれ弱い。

何か失敗して怒られた場合に、なにくそと奮起するよりも、シュンとしてしまって落ち込む。なぜ怒られたのかを理解せず、怒られたことに対してのみ不満を持つ。できないこと、やらないことになんだかんだと理由をつけて「自分は悪くない」と自己正当化する。**義務を果たそうとしないくせに権利だけは人一倍主張する。**その挙句、落ち込んだまま復活せず、すぐに辞めると言い出す。

大なり小なりこんな感じじゃないでしょうか。

最近の若者はすぐ辞める。

これをもっと正確に表現するならば、**彼らは「すぐ辞める」のではなく「突然辞め**

る」のです。

そして、**突然辞めるように見えるのは、最近の若者は「辞めることに抵抗はない」もののの、「辞めると言い出すことに抵抗がある」**からです。

第2章でご紹介したイラモヤ場面の数々を思い出してください。

認めてほしいけど目立ちすぎるのは困るといった複雑な承認欲求を抱え、できるキャラを演じがち。こんな若者にイラモヤしながらも、気を遣い、日々を過ごしているというのに、突然辞めると言ってくる。まさに泣きっ面に蜂ですよね。

できるキャラを演じてしまうから、コンディションが見えにくい。

またSNSのつながりや副業の経験などから、自分にあった求人の情報取得が容易になった。

こうした状況からも、職場の若手社員が突然辞めることを防ぐのは、なかなか難しいと言わざるをえません。結局のところ、若手のコンディションをきちんと把握する努力をすることに尽きます。

イラモヤ解消法

問題は、若手社員の悩みが見えにくいということです。

彼らは、軋轢《あつれき》が生じるかもしれない「悩み」を自分から打ち明けるのがすこぶる苦手。つまり、重要なのは、悩みを引き出しやすい環境をつくることです。

そのヒントは、「心理的安全性」と「傾聴」にあります。

「なんで、そんな簡単に折れるわけ?」や「ちょっとくらい失敗したっていいじゃん」のイラモヤ解消法でお伝えしたものと根本的には同じなのです。

本来の自分を偽ることなく、ありのままの自分をさらけ出してもいいんだ。

自分の話をしっかり聞いてもらえるんだ。

こんなふうに、若手社員が心を開いてもいいと思えるような環境とコミュニケーションが、極めて重要。詳しくは、体系的にまとめた終章をご一読ください。

㉘退職代行ってなんだよ？　辞めるなら直接言ってよ！

オトナのイラモヤ

「退職代行サービスの○○です。おたくの部署の△△君、辞めたいと言ってますので、退職手続きをよろしくお願いします」。いきなりの電話だった。え？　退職代行って？　電話を切ってちょっとした後、ものすごい怒りが湧いてきた。突然辞めるのもどうかと思うけど、辞めるなら辞めるって、せめて自分で言ってきてよ！

若手社員のホンネ

前から辞めたいって思ってたんですけど、辞めるって言うと、絶対、引き留められますよね。だから、なかなか言い出せなくて。ググってみたら、退職代行ってのが、めちゃくちゃいっぱい並んでてて。5万で辞めるって言ってくれるって、下手に長引くことを考えたら、全然コスパいいっす。

最近の若者は突然辞める。

この現象については前項の「え、辞める？　昨日の面談では元気だったのに……」の項でもお伝えしました。

先述の通り、最近の若者が突然辞めるのは（あるいは突然辞めるように見えるのは）、彼らの「辞めることに抵抗はない」ものの「辞めると言い出すことに抵抗がある」という価値観によるところが大きく影響しています。

終身雇用が崩壊しつつある今、今どきの若手は一企業でずっと働く気は毛頭ありません。だからオトナ世代と比べ「辞める重み」が違います。また、育ってきた環境やオンラインコミュニケーションの発達も相まって、打たれ弱くなっています。軋轢が生じるであろうというリアルなコミュニケーションがすこぶる苦手なのです。

こうした若手社員の価値観を反映して一気に広がったのが、「退職代行」なるサービスです。文字通り、**退職の意向を本人に代わって会社に伝えるサービス。５万円から10万円くらいで、会社に電話してくれます。**

辞めたい。しかし辞めるって、手続きとかどうすれば？　とりあえず「退職手続きめんどくさい」といったワードを検索窓に打ち込んでみる。そうすると退職代行なるサービスの紹介記事が出てくる。退職代行ってなんだ？と思いつつ「退職代行」と打ちこむ。すると、検索結果一覧にはズラリと退職代行サービスが並んでいます。

このように、会社を辞めたいという人の助け舟的な存在として、このサービスの利用が急速に増えているのです。

筆者が主宰するツナグ働き方研究所では、退職代行に関する調査を行いました。20代のビジネスパーソンを対象に、「もし会社を辞めたくなったときに退職代行を利用したいですか？」と聞いたところ、利用したいとの回答は35・9％に上りました。しかも男性の利用意向は、なんと47・5％。今まで同じ職場で働いていた上司や先輩にとっては、なんとも残念な結果です。

実際に知人が経営する会社にも、退職代行と名乗る業者から電話がかかってきました。まさに狐につままれたような感覚だったと言います。本人ではなく業者の口から告げられたことに大きなショックを受けていました。

そりゃそうですよね。

期待していた人材が退職するのもキツいけど、それならそれで、せめて本人の口から辞めると言ってきてほしい。それくらいは人としての礼儀じゃないか。

こう考えるオトナ世代の気持ちに、筆者も完全に同意します。

イラモヤ解消法

前項では、本質的なイラモヤ解消法についてお伝えしたので、ここでは、具体的なコツとして、**「辞めそうな人のサイン」**についてご紹介します。

①挨拶をしなくなった　②上司や同僚からの評判を意識しなくなる　③覇気がない　④急な早退や休みを申し出る　⑤会議などで意見を発言しなくなる　⑥服装や髪型がいつもと違う　⑦自席にいる時間が増える　⑧仕事後の付き合いをしなくなる

これらが、一般的に言われる辞めそうな人のサインです。

特に若者のＳＯＳは微弱ですから、できるだけアンテナを張っておいてください。

㉙もうこの会社から学ぶものはないって、まだまだあるってば！

オトナのイラモヤ

もうこの会社から学ぶものはないって……。いやいや、まだ会社の一部しか見えてないでしょ。絶対辞めるなとは言わないけどさ。だいたい、納得する転職先から内定を勝ち取るためには、まず現職で職務経歴書に書けるくらいの実績を積み上げるべき。結局は「王道」を行くことが、キャリアアップの「近道」だと思うよ。

若手社員のホンネ

今の会社にいても学べることがない気がする。毎日同じことの繰り返しで、特に刺激的なことは起こらない。先輩たちを見ても、あまり大したことをやっているようには思えない。世間の同世代と比較してもスキルが足りないのでは……。自分はこのままでよいのか……。なんだか焦るんですよね。

もうこの会社から学ぶことはない。

こう思うことは、本来、キャリアプランを立てるうえでは健全です。自分が学びたいのはどんなことなのか、自問自答するきっかけになるからです。

「もし今日が人生最後の日だとして、今日やろうとしていることは、本当に私がやりたいことだろうか？　それにノーという日が続くと、そろそろ何かを変える必要がある」かのスティーブ・ジョブズも、こんな言葉を遺しています。

何ごとも、楽しくやれなければ長続きしないし、一流になるには血のにじむような努力が必要です。本当に自分を信じられるのであれば、迷うことはありません。自分がしたい仕事、一生懸命真剣にできる仕事だけをすればいいのです。

しかし、こういう**超ポジティブ思考で「もうこの会社から学ぶことはない」と言ってくる若手社員は、そんなに多くはありません。**

実際には、「今の職場がなんとなく嫌だ」「なんとなく仕事が面白くない」「今の会社で働くのがなんとなくつまらない」という漫然としたマンネリ感に端を発しているケースのほうが圧倒的に多いです。

こうした若手に話を聞いてみると、多くの場合3つの「ない」がそろっています。「職場でやりたいことがない」「人間関係が希薄で楽しいことがない」「取引先からも顧客からも刺激を受けられない」です。

そんな状態のときに、「転職で年収アップ」とか「今のままではあなたの市場価値は下がる」といった転職広告や、あるいは「意識高い系」のキラキラSNS投稿をたまたま目にすると、「この会社で人生終わるのだろうか」という不安が一気に湧いてきます。

そもそも入社1~2年目の若手社員は、会社や仕事を部分的にしか理解できていないはず。それなのに自分が見える範囲だけを見て、見切りをつけてしまいがちです。

まだなんにも分かってないのに、もう学ぶものはないなんて言うな！

我々オトナからすると、長年在籍している会社を馬鹿にされたようにも感じて、こう叫びたくなってしまいます。

自分が成長できないことを会社のせいにしていたヤツが、転職したからといって、すぐに変われるはずがない。心の中ではそう思いながらも、よかれと思って、冒頭のように正論を伝える。しかし、**若手にとっては「辞められたら困るから引き留めようとしている」くらいにしか感じられない**でしょう。なんか、ものすごくイラモヤしますよね。

イラモヤ解消法

たった1～2年の経験しかしていないのに、学ぶことがないと判断して、将来会社を支えるはずの若手が辞めていくのは、実にもったいないです。

だとすると、若手がマンネリに感じない情報の提供を行うしかありません。仕事の割り振りはもちろん、社内副業などの施策も効果的だと思います。

そしてもうひとつ重要なのが先輩の存在。

彼らにとって自分が見える範囲の最たるものが「身近な先輩」だからです。冒頭の若者のように、**先輩をリスペクトできないと「学ぶことがない」に直結してしまいます。**

特に、メンター的な先輩のアサインには注意を払ったほうがよさそうです。

㉚上司ガチャとか、そういう君こそ部下ガチャだ！

オトナのイライラモヤ

「上司ガチャ」って、失礼だなぁ。ガチャとかいって「運」に委ねている時点で他責の象徴じゃないか。そもそもこっちだって、部下をそんなに簡単には選べない。部下をチェンジしてほしいと会社に要求しても、部下を育てるのが君の仕事だろう、と叱責されるのが関の山。文句の多い若者こそ、我々からしたら「部下ガチャ」だ。

若手社員のホンネ

隣の部署に配属された同期がうらやましい。大学の友達もいい上司でよかったって、Twitterで言ってたし。それにひきかえウチの上司って。マジで勘弁してほしい。まさに上司ガチャ失敗だぁ……。

上司ガチャ。配属ガチャ。

いやはやひどい言葉ですよね。

改めて解説すると、**「上司ガチャ」とは、会社の新人や部下からすると、どんな性格の人物が上司になるか分からず、まるでガチャのような運次第となることを皮肉る言葉**として流行りだしたネットスラングです。

ちなみに「ガチャ」は、は自動販売機のカプセルトイが語源。

スマホゲームなどでランダムに中身が決まるアイテムを購入や取得する仕組みの言葉に転じ、今ではランダムな仕組みによって運に左右されるシステムを指します。

そこから、本人にはどうすることもできない運要素で決まってしまうことを表す言葉として使われるようになりました。ちょっと前に「親ガチャ」という言葉が話題になったこともあって、余計に「上司ガチャ」も注目を集めました。

今どきの若者はＳＮＳを通して意見や不満を発信するのが常。

ネット上には、「ハズレ上司で上司ガチャは次に期待」「親ガチャと上司ガチャの２連敗」といった、やや軽めに上司をディスった投稿が並んでいます。若者なりのストレス発散だとすれば、そんなに目くじらを立てる必要はないのかもしれません。

しかし、オトナからすると、自分のキャリアを、ガチャとかいって「運」に委ねている若手社員には、そりゃイラモヤしてしまいますよね。

当然、我々オトナ世代も上司や先輩には不満がありました。しかし、それは社会に出れば当たり前のこと。自分のキャリアは自分で切り開くものだと考えていました。

そんなに文句の多い君たちこそ、我々からしたら「部下ガチャ」なんだよ。

冒頭のイラモヤのような、こんなセリフが頭をよぎっても仕方ありません。

とはいえ、「上司ガチャ」という他責な若者をどうにかするのは至難の業です。

ここでは、**我々オトナが「部下ガチャ」でハズレを引いてしまったときの対処法**について、考えてみましょう。

イラモヤ解消法

部下ガチャでハズレを引くと、当然無駄な仕事が増えます。

自分の仕事ができなくなり、以前より感情的な性格になる。結果的に、部下が成長せず自分の評価も落ちます。

それほどメンタルが強くないと、**精神的な負荷が増え、場合によってはメンタルがやられてしまう恐れもあります。オトナ世代はしっかりと備えをしておくべき**なのです。

推奨するのは、若手社員の部下とのコミュニケーションの記録を残しておくこと。

部下に指導したこと、その指導に対する若手の反応、その後の行動、そして成果が出るまでの努力のプロセス。それらをできる限り、事実として残しておくべきです。

こうした記録は、本当に自分が正しく接してきたのかを、振り返ることにもつながります。もし自分がベストを尽くしているのにもかかわらず、指導がうまくいかなかった場合でも、ここまでやったのにうまくいかなかったのだから仕方ないと思えるでしょう。

潔く認めることができれば、ある程度は、自身の心の健全性が保たれます。

㉛ジョブ型がいいっていうけど、いろいろ経験したほうがよくない？

オトナのイラモヤ

キミは企画職に就きたいのか。でもまず入って3年は営業職として〝ビジネスのいろは〟を勉強してくれ。もちろん、その後もいくつかの部門や勤務地を経験したほうが、必ずのちのちのためになる。そうやってジェネラリストになっていくことが、経営層に近づいていくプロセスだから。

若手社員のホンネ

そもそも同じ会社にずっといるなんて、最初から考えてないんで。悠長にジョブローテーションとかやってる場合じゃないんです。その点、ジョブ型だと最短ルートでスペシャリストに成長できますよね。

今どきの若者はジョブ型雇用を求めがちです。

しかし、日本の多くの企業では、長らくジョブローテーション制度が採用されてきました。

どの新入社員にも将来は戦力になってもらいたい。そのためには、広く企業内の仕事を経験してもらったほうがいい。それがジョブローテーションです。

この制度が発達してきた理由のひとつが、日本型雇用の大きな特徴である「終身雇用制度」です。

終身雇用制度の下では、ある程度は年齢に応じて昇進します。

役職が上がるにつれて「特定の専門領域で優秀なスペシャリスト」ではなく、「全体視点を持ったジェネラリスト」になることが求められます。その企業の中で様々な部署を経験した結果、社内事情に精通したり、社内で人脈を築き上げたりした人のほうが重宝されるからです。

つまり、**「終身雇用」「年功序列」など日本で昔から存在する組織づくりと、「ジョブローテーション」は非常に有効で相性が良い**制度だったのです。

オトナ世代の大半は、こうした枠組みの中で入社し育ってきました。ジョブローテーションは、「石の上にも3年」とか「急がば回れ」といったことわざを地でいくようなキャリア観をオトナに植え付けていったのです。

だから、最初に配属される職種は、あくまでも「最初の職種」でしかありません。

しかし、**今どきの若手社員にとっては、その「最初の職種」が重要**なのです。

彼らは**「最短ルートで成長したい」と考えている**からです。

会社に滅私奉公しても、不景気になればリストラされる可能性があるし、ひとつの会社で長く同じ業務を行っていると潰しが利かなくなる。そして年齢を重ねるごとに転職が難しくなる。むしろ企業に依存せず、仕事を通じて自身の市場価値を上げ、安定や好待遇を手に入れよう。

こうしたキャリア観は、今どきの若手社員の間でどんどん広がっています。

石の上にも3年。彼らにとっては、**3年も修行するのって時間を無駄にする感覚しかありません。ジョブローテーションなんてやってる場合ではない**んです。

イラモヤ解消法

新入社員には長く会社で働いてもらいたい。

成長してもらって、将来的には会社を担う存在になってもらいたい。

日本企業の大半はいまだに、こう考えています。

そんな企業の中で育ってきたオトナも同じように考えています。


しかし若者のキャリア志向は、「終身雇用型」＝「企業主義」ではなく、「ジョブ型」＝「個人主義」が主流となっています。

副業志向にしても、ジョブ型志向にしても、労働市場の未来を俯瞰すると、こうした働き方やキャリア形成が、ますます広がっていくのは間違いありません。


ただ、どうしても我々オトナがイラモヤしてしまうのは、**「最短距離で成長したい」のと、「やりたいことしかやりたくない」ってのは違う**んだよ、ということでしょうか。

ジョブ型の意味を、履き違えないように教えてあげる必要はありそうです。

㉜ＦＩＲＥしたいって簡単に言うけど、そんな甘くないでしょ

オトナのイラモヤ

定年も70歳まで延長とかになって、こっちは生涯現役で働かなきゃいけないモードだってときに、早期リタイアなんて。そりゃ、うらやましいけど、そんな夢みたいなこと、簡単に実現できるわけがないでしょ。運用するための資産だってけっこう必要みたいだし、そんなに甘くないと思うよ。

若手社員のホンネ

これから先って、どうせ会社も国も頼れないでしょ。貧乏生活をしたくなかったら、若い頃から経済的に自立して、早期退職したほうがよくないですか。しかも自分のやりたいことに時間を使えるわけだから。ＦＩＲＥの目標を立て、努力したほうが、絶対幸せに近づけると思うんですよね。

最近、ビジネスパーソンの間で注目を集める「ＦＩＲＥ」。

読み方は「ファイア」ですが、もちろん「火」という意味ではありません。

「Financial Independence, Retire Early」の頭文字をとった言葉で、直訳すると「経済的自立と早期リタイア」となります。簡単に言うと、若いうちに経済的に自立し、仕事を辞めることです。


早期リタイアして悠々自適の生活をする――。

こうした生き方への憧れは、言うまでもなく従来からありましたよね。しかし、これまでの早期リタイアは、一部の億万長者にしか実現できないイメージでした。

ＦＩＲＥが注目される理由は、**節約と貯蓄によって「経済的自立」を実現する**という点にあります。もう少し具体的に説明すると、「働きながら投資元本を蓄財し、運用益で生活できる目途が立った段階でリタイアする」という生き方がＦＩＲＥなのです。

ＦＩＲＥでいう「経済的自立」のガイドラインは、「投資元本＝年間支出の25倍の資産」と「運用益＝４％」とされています。つまり、年間支出の25倍の資産を投資元本として４％で運用できれば、元本を減らすことなく運用益で生活できるという計算です。

ＦＩＲＥの魅力。それはなんといっても自由な生活でしょう。

ＦＩＲＥを実現した後は、労働に縛られず、自分の好きなように時間を使えます。

まさに「今どきの若者」が夢見る生活なんじゃないでしょうか。

一方で、我々オトナ世代はＦＩＲＥをどう受け止めるのか。

そもそも、投資にはリスクがある。年４％の運用益が維持できるとも限らない。

そんな不安が頭をよぎる人もいるでしょう。

しかし仮に、運用資産の目途がついたとしましょう。投資に関する知識も持っているとしましょう。その時、我々オトナ世代はＦＩＲＥをするでしょうか。働いて稼ぐことが当たり前だった時代を生き抜いてきたオトナ世代にとって、不労所得で生きていくというのは、まったく未知の世界でもあります。

「会社勤めをしていたときは、風光明媚な田舎でのんびり農作業する生活に憧れていました。しかし実際に来てみると、3か月くらいで飽きました。東京に戻ってアルバイトでもして、社会とのつながりを取り戻そうかと思案中です」

現に、自己資産をつぎ込んでFIREを始めた人のこんな声もあります。

イラモヤ解消法

働かなくていいのは、一見うらやましくも思うものの、実際にやってみると退屈な日々なんじゃないか――。実は筆者もそう感じる一人です。それでも、**FIREというムーブメントをポジティブに捉えるべき**なんじゃないか、とも思うのです。

働くことが当たり前で生きてきた我々オトナの多くは、現実的な思考がしみついて、夢を語ること自体ナンセンスだと感じてしまいがちです。これまでは選択肢がなかったけど、それだけでは、なんか人生もったいない気もします。

そういった意味では、**FIREという生き方は、我々オトナ世代に「どういう生き方が自分にとって幸せなのか」を問うている**ようにも思います。

お金があったら働かない。お金があっても働く。みなさんはどっちですか？

イラモヤの素　若手社員の生態解説

自分たち、最短距離で市場価値を高めないとマズいんです

今どきの若者は、とにかくすぐ辞める。

しかし実際のところ、**大学新卒が3年以内で3割辞めるのは、この30年変わっていません。辞め方が突然すぎて、そのインパクトが大きいことから、すぐ辞めると感じてしまう。**これが正しい理解であることは、「え、辞める？　昨日の面談では元気だったのに……」のイラモヤ場面でもお伝えしましたよね。

いずれにせよ「若手社員の離職」は、オトナ世代にとって最も頭の痛い問題のひとつです。もちろん「終身雇用」が完全に曲がり角にある今、一生、同じ会社で勤めあげる

こと自体が難しくなっていることは、オトナも認識しています。

とはいえ、「ジョブ型がいい」とか「副業したい」といったキャリア観も含めて、**今どきの若手社員の働き方ってなんか自分勝手だよな、とイラモヤしてしまう**のも事実。

辞める前提でも、なぜか大企業に入りたい

今は、１００人の若者に聞いて１００人が、「一生、同じ会社で働くつもりはない」と答えるほど、辞める前提時代です。

だとすると就職先は、別に安定した大企業じゃなくてもかまわないはずです。それなのに、**学生が選ぶ人気企業ランキングにおいては、相変わらず大企業が上位にズラリと並んでいます。この現象には、どういう背景があるのでしょうか。**

ひとつは、まさに今どきの若者の価値観が大きく反映されています。

それが承認欲求やコスパ意識。端的に言うと、ＳＮＳを通じて知り合ったたくさんの

仲間や友達から、自分が入社する会社について「いいね！」がほしいのです。だから、逆に自分の友達が認めてくれないような就職先を選ぶというのは、勇気のいる選択です。

もし「いいね！」をもらいにくい企業を選んだら、友達に支持してもらうために、その選択の理由について長々と語らなければならなくなります。これはすごく説明コストがかかる。それこそ「コスパが悪い」ということになってしまう。企業の知名度は、若者にとってコスパがいいのです。

もうひとつは、学歴の上書き意識です。

これは、辞めることを前提にしたうえでの、極めて合理的な戦略と言えます。

自分の通っていた大学のレベルに満足していなかったとしますよね。でも頑張って大企業に入ることができれば、それが、ある意味で「最終学歴」となって、転職や起業するときには有利に働きます。もちろん有名大学を卒業して、大企業に所属した経験があれば、もっともっと格が上がります。

つまり、**今どきの学生が大企業を目指すその目的は、「生涯の安定を得るため」ではなく、辞める前提で「自分の市場価値を高めるため」**なのです。

横に横に伸びる成長欲求

ひと昔前なら、リスペクトする上司が会社にいて、その上司に鍛えてもらうことで成長を実感できました。

ところが今や、**オンラインで横に横につながっていくほうが成長できると感じる若者のほうが、圧倒的多数**でしょう。

仕事を通じて自身の市場価値を上げることで、安定や好待遇を手に入れたい。

こうしたキャリア観を持つ若者にとって、ひとつの会社で持続的な成長を目指すという選択肢は入っていません。

それまで接点のなかった人たちと、Twitterなどで交流を通じて仲良くなっていく。

特に意識高い系の若者は、いろんな人とボーダレスに関わっていくことで、知恵や技術を出し合っていきます。そんな刺激的なコラボレーションが彼らの経験値を高めていってくれるわけです。

だから彼らは、**様々な出会いを通じて「できる人」と絡んでいくことに貪欲**です。

その絡みから、さらに様々なコミュニティや様々なグループに絡み、もっとできる人に絡んでいきます。

こうした成長に敏感な若者が、SNSを駆使して「わらしべ長者的成長戦略」を展開しているわけです。

パラレルキャリア志向は、自意識の発露

一方で、他人の目を気にするがゆえにパラレルキャリアを志向する若者もいます。

SNS上では、友人知人のいろんな働き方を目にすることになります。つい自分と比較して、隣の芝生が青く感じてしまいがち。その代表が、イラモヤ場面で紹介した「上司ガチャ」や「配属ガチャ」です。

自分の仕事がひとつしかない場合、「ガチャ」のように他人と比較して劣等感を覚えるような状況だと逃げ場がありません。しかし複数の仕事を持っていれば、1勝1敗とか2勝1敗といった状況（＝全部負けじゃない状況）にできることもあります。そうすることで、ある程度プライドを保つことができます。

このように、**今どきの若者が複数の仕事を志向する背景には、リスク分散の意識が強く働いています。**「ひとつの会社に依存するリスク→個として市場価値を高めたい」という意識については先述しました。しかし、**「他人と比較して劣等感を抱くリスク→自意識＝虚栄心を担保したい」がためのパラレルキャリア**でもあるのです。

だからか、若者は肩書が多いほどいいと考えているフシさえあります。

実にたくさんの名刺を持っている若者もいて、名刺交換の際に「実は、こんなこともやってまして……」と何枚も何枚も名刺を渡してくれることもしばしば。そのときの若者たちの表情が、一様にやや自慢気なのは、それが自意識の発露だからなんだと思います。

将来不安と情報過多がキャリアの強迫観念を増幅

人生100年時代を迎えようというのに、若者がここまで生き急ぐ理由。

そのひとつは、彼らの将来に対する不安。自分のチカラで成長していかないと誰も面倒みてくれない。だから彼らは一刻も早く成長する必然性を感じているのです。

もうひとつが、SNS上にあふれる情報。生き方と働き方に関する投稿はとりわけ気になります。**他人よりイケてるキャリアを送らなきゃ。**こうした意識が、若者を駆り立てています。

会社を踏み台にしていこうとするように見える。本業そっちのけでいろいろ手を出そうとする。我々オトナが長年尽くしてきた会社への帰属意識が希薄だと感じる。

我々オトナは、そういう若者にイラモヤしてしまいます。でも実は、イラモヤ以上にある種の淋しさを禁じえない。そんな感情もありませんか。

しかし、**若者も彼らの置かれた状況の中で必死**なんです。

そこに、少し共感してあげるべきなんでしょうね。

第5章

「IT関係に疎いと露骨に嫌な顔をする」若手社員のトリセツ

デジタルすぎるのも、
どうかと思うよ

㉝大事なメールを送ったんなら、ひと声かけるべきでしょ

オトナのイラモヤ

お客様からの要望に関するメールが部下から来ていた。かなり重要な要件だったが、危うく見逃すところだった。こっちには1日に何十通もメールが届くんだよね。もし埋もれちゃってたら、お客様にも大きな迷惑をかけることになる。重要なメールを送ったらひと声かけるべきだろ。

若手社員のホンネ

いやいや、ひと声かけなかったほうが悪いっていうなら、メールを送る意味なくね？　仕事のメールなんだから見落としちゃダメでしょ。こっちがメールを「見てませんでした」とか言ったら、絶対怒るくせに。

職場の報連相に関するすれ違いの第2弾。

「もうちょっと前の時点で、早く相談に来てくれよ」のイラモヤ場面で、相談について取り上げましたが、こちらは連絡に関するイラモヤ。

些細なすれ違いなのですが、それだけに頻発しがちな問題です。

今どきの若手は、丁寧なコミュニケーションができないんだよなぁ……。

「メールを送ったので確認してください」と念押ししておくことは、仕事を円滑に進めるうえで大事なプロセスだ。社内コミュニケーションだけじゃない。お客様との関係性構築にも役立つ気配りだ。

メールに口頭での確認報告をプラスするべき。仕事に関してひと手間を惜しまないホスピタリティを、オトナ世代は期待します。

こういう気配りができてこそ、一人前の社会人だっていうのを、教え続けなきゃいけないんだろうか……。こういう教育的指導の観点からも、さらにイラモヤを募らせてしまいます。

一方で、若手社員は、再三お伝えしてきたように無駄な業務を嫌う超合理主義者です。**メールで伝えたことにプラスして口頭で再確認することは、無駄の骨頂。**生産性低いよなぁ……と感じます。

ただしこのケースを、「ビジネスマナーvs.合理性」という対立の構造だけで片づけてしまうのもどうかと思います。

このすれ違いの素には、序章でもお伝えしたように、結局のところ、オトナ世代がデジタルコミュニケーションに追いついていけないという、極めてシンプルかつ物理的な問題があるからです。

1日に何十通、いや百通以上ものメールが届くのが当たり前の時代。

これはオトナ世代には、確かにストレスですよね。しかも昨今では、チャットツールでのやりとりも増えてきました。かくいう筆者も、つい重要なメールを見落としてしまうのでは……、とひやひやしながら仕事をしています。

オトナが、「だいたい、メールを一方的に送っておいて何もフォローしないなんて失礼だ」と考えるのも、「何か問題があったときに『メール見てなかったんですか？』なんて相手のせいにできるわけない」というのも、メールの情報処理に１００％自信がないからです。心のどこかに、見逃しても仕方ないという意識があるんだと思います。

でも、若者はスマホを武器に、毎日多くの情報を得て、それを超高速で処理しています。メールは見ていて当たり前であり、見落としたほうが悪いのです。

オトナが「気配りが大事」と言うのは、メールを見落とす前提での言い訳じゃね？

あなたの職場の若手社員は、口にしなくても、こう見透かしているはずです。

イラモヤ解消法

仕事の気配りが重要だということを伝えることは大事です。

しかし、自分たちのデジタルリテラシーの低さを棚に上げて、**「君たち若者世代にオトナのマナーを教えてやってるんだ」と、説教モードになってしまうと、まったく若者には刺さらない**でしょう。それこそ、問題をすり替えていると思われるのがオチ。

そう思われないためにも、そして気配りについて理解を促すためにも、我々オトナ世代は、デジタルツールにもっともっと慣れていく必要があるんだと思うのです。

㉞メールの「お世話になっております」、常識でしょ？

オトナのイラモヤ

社外の人とメールでやり取りするときには、冒頭に「お世話になっております」の挨拶を書く。これはビジネスマナーの基本。長らく使われてきている常識なんだから、使わないと、相手に失礼に当たるでしょ。ていうか、先方からもらったメールに、もし「お世話になっております」って書いてなかったら、こっちがビックリするよ。

若手社員のホンネ

メールの「お世話になっております」って、まったく要らないでしょ。メールの相手が期待しているのって、礼儀正しさより、レスの速さじゃないすかね。メールの処理速度が低い人に限って、「大変お世話になっております」「お待たせした無礼を深くお詫び申し上げます」とかグダグダ書いてある。本題にスッと入ってほしいっす、マジで。

メールの冒頭に使われる「お世話になっております」の挨拶。

もはや、定型文と言ってもいい「お世話になっております」は必要なのか。この論争も、いろんなところから聞こえてきます。

ある調査によると、調査対象者の31・2％が「『お世話になっております』というメール定型文はもうそろそろ消えていいと思う」と回答しています。

しかしこれは、世のビジネスパーソンの７割が、やっぱり「お世話になっております」を必要だと考えていることを示していることになります。


書いただけでそれなりに丁寧な文章に見えるのだから、便利な言葉。

いわゆるマナーのひとつなので、無くすのは難しいんじゃないのか。

いちいち面倒だとも思うけど、使わなくなって、他の挨拶を考えるほうが面倒そう。

「お世話になっております」を単語登録しているので、面倒は感じていない。

こんな感じで、**積極的な賛成派というより消極的な賛成派が大多数**です。

しかし、単語登録してまで「お世話になっております」を使うのは、それはそれで相手に礼を尽くす気持ちが完璧に形骸化している証拠。なんか本末転倒な気もします。
そして、こうした日和見な声は、だいたいオトナ世代から発せられています。

一方で、若手社員は「お世話になっております」には、もちろんホンネは否定的。冒頭のように「お世話になっております」なんて誰も読んでいないのだから省略させてほしい。丁寧な印象を与えるために使うのだろうけれど、毎回同じような文章に心を打たれる人はいない。それならば要らないと思う。こんな声が多数派です。

意識高い系の若手なんかだと、もっと過激です。
有能なビジネスパーソンの条件はスピード。稼いでいるビジネスパーソンほど、メールは即レスを心掛けている。優秀な人は、みんなレスが早い。しかも内容が端的だ。逆に仕事のできない人ほど、メールのレスが遅いうえに長い。こうしたメールは仕事のテンポを落とす。体裁とか礼儀とか、どうでもよくない？

遅くて長いメールは、相手の時間を奪う悪質な行為。

今どきの若手社員は、真剣にこう考えています。

イラモヤ解消法

社内のチャットでのやり取りを見ていると、もはや文章どころか、単語さえ存在しないことに驚きます。例えば「了解」は「りょ」、もしくは「り」だけで済んでしまう。オトナ世代が「お世話に……」の「お」を打っている間に一気に置き去りにされるスピード感です。

だからといって、「あいつは心のこもったメールが書けない」とか「非常識なヤツだ」とイラモヤするのは考えもの。オトナが心配するより、お客さんとのやりとりは、（本心はどうあれ）意外とちゃんとしています。

冒頭の**「メールの相手が期待しているのって、礼儀正しさより、レスの速さじゃないすかね」という若者のホンネにも一理ある**ような気がしませんか。

「お世話になります」や「引き続きよろしくお願いいたします」が、形式だけのやり取りになっているのだとしたら、それは見直されて然るべきかもしれません。

㉟おじさん構文って言われても、じゃ、どうすりゃいいの？

オトナのイラモヤ

部下に送ったメッセージが「おじさん構文」だったみたいだ。自分では気づいていなかったから、親しい後輩に指摘されたときにはショックだった。こっちは、少しでもフレンドリーに接しようと、よかれと思って書いてたのに。普通に書くと無機質で怖い感じだし、じゃ、どのように書いたらいいわけ？

若手社員のホンネ

テレワークが続き、上司からおじさん構文のメッセージが送られてくるようになった。まさに、ウワサのおじさん構文そのままなんだもん。上司からの連絡だから、嫌とも言いづらいけれど……。正直、リアクションに困るよね。ハア～。

お疲れさま!!!　毎日暑くて集中力が続かないネ💧
あ、トシのせいか💦

ところで、資料作成進んでいるかな？

プレゼン本番の前に確認したいので、
今週末までには送ってください🚨💦

落ち着いたら、部のみんなで飲みに行きたいネ🍺

おじさん構文。みなさん、知ってますか。**おじさん構文とは、オトナ世代の中でも中高年が、SNS上で〝やらかしがちな〟テキストコミュニケーションのこと**です。

例えば「汗をかいた絵文字」「！や⁉などの絵文字」「〜だネ」「〇〇チャン」などの言葉が特徴。送られたほうの若者たちから、「ウザっ」とか「キモっ」と思われてしまう残念な文体として、最近話題になっています。

今は、テレワークが広がったことで、社内コミュニケーションが対面や電話からテキストメッセージでのやりとりに移り変わっています。しかもビジネスチャットを使う職場も増えました。ＬＩＮＥのようなカジュアルなやりとりだと、ついついおじさん構文になってしまっている例が頻発しているようです。

前ページの図のような文体が、若者からはおじさん構文と認定されます。

若手社員にとって目上で年上であることから、彼らに威圧感を与えないように気にかけているオトナ世代は少なくありません。しかし**彼らに近づこう、怖がられないようにしよう、という気遣いが仇となり、上滑りしてしまっている**のです。

もちろん、オトナは若手を困らせるために、おじさん構文のメッセージを送っているわけではありません。しかし、気を遣って親しくなろうとしたメッセージが、「なれなれしい」とか「媚びている」と感じられてしまう。デジタルネイティブの若者からすると、違和感があるんでしょうね。

大阪の人が、東京の人が話す似非《えせ》関西弁にアレルギーを示すのと同じようなニュアンスなのかもしれません。

といっても、オトナ世代からすると、自分のメッセージが「おじさん構文」だと言われたら、そりゃショックです。**「よかれと思ってフレンドリーな文体で書いたのに気持**

ち悪いって、じゃ、どう書いたらいいんだよ！」と、かなりイラモヤしますよね。

イラモヤ解消法

おじさん構文問題に、オトナ世代が対処できることを、筆者なりに考えてみました。

１つ目は、そもそもネイティブではないので、砕けた表現を使わないこと。下手に関西弁に手を出さないのと同じ感覚です。若手社員と距離を縮めるのは、対面コミュニケーションなど別のやり方で担保する考え方。

２つ目は、できるだけ仕事のやりとりはメールで行うこと。先述のようにＬＩＮＥのようなツールだから、変に距離感が近くなりすぎるわけで、従来通りメールで連絡をとれば、おじさん構文にはなりにくいはず。

３つ目は、気にしないこと。

最近では一部で「かわいい」「ウケる」と人気になり、若い女性でもメッセージがおじさん構文化している人がいたりします。**怖がられるキャラよりは、面白がられるキャラのほうがいい。そう開き直るのもアリ**のように思います。

これは、オトナの自己開示（終章で解説します）にも通じる考え方です。

㊱メールじゃなくて、ちょっと電話しちゃダメかな

オトナのイラモヤ

最近、仕事の電話がしにくいんだよな。若手に電話してもつながらないことが多い。メールじゃニュアンスを伝えるのも難しいし、電話のほうが、結局のところ話が早いと思うんだけど。あれだけ生産性とかいうくせに、なんか電話は嫌がるんだよねぇ。意味分かんない。

若手社員のホンネ

電話って人の時間を奪うツールだと思うんですよね。仕事しているときに電話を鳴らされると、そのせいで仕事が強制的に中断されるじゃないですか。リズムが崩れるっていうか、アレがめっちゃ嫌なんですよね。用事があるならメールでよくないですか。それこそ、チャットでもいいし。

今、仕事の電話をめぐって、オトナと若手の分断が進んでいます。

これは、すでにご紹介した「メールの『お世話になっております』、常識でしょ？」をめぐるイラモヤより深刻。

若者の間では「電話は時間を奪う最恐最悪のツール」という認識が広まっています。

「いやいや、君たちスマホ大好きじゃない？」と思いますよね。

あなたの職場にいる若手社員にそう問いかけてみてください。

「スマホを持ってる意味ですか？　ＬＩＮＥとかゲームとか音楽とか。電話をするために契約しているわけではないんで」という答えが即座に返ってくるはずです。

そして、そんな中でコロナ禍となり、テレワークが急速に広がりました。

電話vs.メールの構図だったのが、もっと即時性の高いビジネスチャットツールも普及し始めています。仕事上のやりとりがさらに多様化したことで、「電話の是非」について、よりクローズアップされるようになってきたのです。

「メールでは伝わらないので電話してもいい？」派のオトナは、すべてのニュアンスを文面だけで伝えるのは難しいし、その場で質問できてコンセンサスも得やすいから電話でいいじゃない？と考えます。

冒頭のオトナのように、そっちのほうが手っ取り早いでしょ、という理屈です。

そもそも電話で時間を奪われるというけど、たかだかその数分で何を生み出せるのか？　こうも言いたくなります。

しかし**若手は、**（もちろん実際に電話する数分を奪われるのも嫌なのですが）**奪われるのは、通話にかかった数分だけだとは思っていません。**

オトナは、情報を整理して文字に起こすのが面倒→いきなり電話してきて、思いついた順番でしゃべる→議事録や備忘録といった情報をまとめる作業は、結局のところ自分がやらなければならない→その作業で、さらに業務時間が奪われる……。

つまり、電話の数分は氷山の一角。一本の電話を起点にして、情報処理能力の低い人から、余計な仕事を押しつけられている。これが若手社員の感覚なのです。

イラモヤ解消法

一見、「コミュニケーションツールに対する分断」の話ですが、本質的には「時間の使い方に対する価値観の違い」の話。そういった意味で、このイラモヤはけっこう根深い問題です。

第3章でもお伝えしたように、今どきの若者はとにかく時間に価値を感じています。だからか、**どうしても電話が必要な場合、まずメールやチャットで「今、電話してもいい？」と事前に確認してほしい。**こういう若者もけっこういます。

え？　それって「大事なメールを送ったんなら、ひと声かけるべきでしょ」のイラモヤ場面でオトナが若手に要求する気配りと一緒じゃない？　とツッコミたくなります。

しかし、そのくらいの気配りを求めるほど、若者は「電話が時間を奪うツール」だと感じているのでしょう。

我々オトナが思うよりも、相当な電話アレルギーだと自覚する必要があります。

㊲テレビ会議、カメラオンにしてほしいんだけどなぁ

オトナのイラモヤ

オンラインのテレビ会議だって立派な会議なんだから、そりゃあ、顔は出さなくちゃいけないでしょ。ていうか、なぜ「声」だけで参加してもいいではないかという発想になるのかが、分からない。でも、うかつに顔出しを強制したら、パワハラとか言われかねないし……。ったく、めんどくさいったら。

若手社員のホンネ

在宅勤務で普段着のときだってあるし。そういう柔軟な働き方がテレワークのいいところじゃないですか。そもそもオンラインで実施するのに、会議に「顔」を出さなくてはならない意味が分からないんですけど。ちゃんと聞いて、ちゃんと発言すれば「声」だけ参加でもよくないスか。

若手社員ほど、テレビ会議で顔を出したがらない。

こうした悩みをオトナ世代からよく聞きます。

テレワークが定着し、オンラインで開催するテレビ会議も当たり前になってきました。一般的に、テレビ会議用ツールでは、カメラの設定で自分の顔を映すかどうかを選択することができます。

「エヴァンゲリオンのゼーレ状態っていうか。とにかく無機質な会議で……」と語る管理職もいました。声は聞こえるものの、画面には「サウンドオンリー」と書かれた文字が映るだけ。大ヒットアニメ『新世紀エヴァンゲリオン』によく登場した会議風景と、画面オフのテレビ会議は、確かにそっくりです。

ある調査のデータで、「あなたはテレビ会議で自分の顔を映していますか？」と質問したところ、「毎回映している」「どちらかというと映している」の合計が61・３％。

６割以上は顔出しをしていますが、逆に、残りの約４割は顔出しに消極的でした。

ちなみに同調査によると、オンライン会議を行う際に「相手の顔が見えていると話しやすい」と回答した人が、71・7％もいました。おいおい、自分は顔出しNGなのに相手には顔出ししてほしいんかい、とツッコミたくもなります。

実際に、テレビ会議で進行役を務めたことがある人は実感できると思いますが、相手の顔が映らない、誰からも反応がない状態で一方的に話すのは、とてもやりにくいものです。オトナ世代のほうが会議の進行をする機会が多いでしょうから、この観点からも顔出ししてほしいと考えるのは自然でしょう。

顔出ししたくない若手社員を、どうやったらパワハラと言われずに説得できるのか。

ここが悩ましい問題です。

イラモヤ解消法

実は、専門家の見解はこうです。

対面会議の代わりとして行われるテレビ会議において、「顔を出すように」「カメラをオンにしてください」と伝えることはパワハラにはならないと考えられる。会議の効率化や有用化という観点から、顔出しの要求は不当なものとは言えない。

言い方の問題には留意する必要があるとしても、正当にリクエストしてよさそうです。

初めから**「オンライン会議では顔出ししよう」とルールで決めておくことも有効。**

この場合、トップダウンで通達するのではなく、顔出しNGの社員にも理解が得られるようなプロセスを踏んでいきましょう。

オンラインのテレビ会議における顔出しの重要性について理解してもらうには、「会議参加者全員の意識を共有するうえで必要」「表情を見て伝わることもある」など、相手が飲み込みやすいような点を伝えていくことが効果的です。自組織でのカルチャーにしていくよう心掛けましょう。

また、会議の内容によっては、ケースバイケースで、わざわざ顔出ししなくてもよいというルールもあり。例えば連絡事項の伝達などでテレビ会議を行う場合、わざわざカメラをオンにして臨む必要はないかもしれません。**何が何でも顔出しではない。そうした取捨選択ができるというのも、理解が得られやすくなるポイント**です。

㊳なんだかんだ言って、紙の書類が見やすいんだよな

オトナのイラモヤ

いや、ペーパーレス化の時代だってのは分かっちゃいるんだけど。紙の資料をわざわざ印刷するのは手間もコストもかかるしね。でも、パソコンの画面で見るのって、いつまでたっても、なんか慣れない。なんだかんだ言って、紙の書類が見やすいんだよな。資料は、やっぱ印刷してほしいよねえ。

若手社員のホンネ

なんでも紙に資料を印刷するなんて古すぎじゃないすか。学生時代は、なんでもスマホとかタブレットで共有するのが当たり前だったのに、なんだか、社会人になってから昔にタイムスリップしたみたい。印刷するのはだいたいこっちだし、超めんどくさい。

筆者が若手社員だったころ、最も重要な仕事のひとつが、会議で使用する資料の印刷でした。役員会議の資料だったためか、案件が膨大な場合は、１人あたり１００ページはあったと思います。それを延々と印刷していたのです。

しかも、１か所でも修正が入ると、そのページだけ印刷し直して差し換える。（分厚くて、超強力なホッチキスで苦労しながら留めたにもかかわらず）一回留めたホッチキスを外して留め直す。いま考えれば、ものすごく無駄な作業をしていたように感じます。

しかし当時は、重要な任務を与えられているような気がしていました。

議論する内容のアジェンダや参考資料を印刷して、その会議資料に沿って進行していく。そうやって会議が行われるのが当たり前の時代において、**「紙の資料」は会議の根幹をなすアイテム。**しかも上層部しか知りえない情報が詰まったそれは、一介の若手社員からすると、神々しいというか。**その印刷を任されているという自負**があったんです。

今どきの若手にこんな話をすると、首を傾げられるかもしれませんね。

冒頭の若手社員だけでなく、**学生時代からタブレット端末に触れてきた世代にとっ**

て、**紙というツールはいかにも前時代的**なものです。
しかも印刷する作業に時間をとられるなんて、無駄を嫌う若者にとっては、受け入れがたい仕事の最たるものでしょう。

大局的にみても、ペーパーレス化の流れは進んでいます。日本がデジタル化に踏み出したのは今から約20年前。そこから、幾度となく法改正が行われ、重要な国税関係書類に関してもデジタル保存を可とするなど緩和の流れが加速しています。
しっかりとファイリングされた書類が棚に並んでいる様子は、オフィスならではの光景ですが、紙として保管することに必然性があるかどうかを検証してみると、案外そうでもないものまでストックしていることに気がつきます。

特に会議資料のペーパーレス化は、先述のような不毛な業務に時間を割くことから決別できるだけでなく、「印刷のコスト削減」「(クラウドにデータをアップすれば)場所・時間を問わずアクセスできる」「資料が検索しやすくなる」「(資料にパスワードを掛けるなど)セキュリティ対策ができる」「環境にやさしい」などなど、あげればキリがないほどのメリットがあります。

こうしたデジタル化の流れは、若手社員には大歓迎です。**もちろんオトナ世代も、頭では分かってはいるのです。それでも紙の信奉者がまだまだ多く存在するのは、ほぼリテラシーの問題**に尽きます。ただ慣れていなくてイラモヤしてしまうのです。

イラモヤ解消法

もちろん、オトナ本人が「やっぱり紙がイチバン」と思っているケースもあります。そうした一方で、自分の上司にあたる世代の「紙ファーストな仕事ぶり」にＮＧを突き付けられない。こんなケースもあるでしょう。

とはいえ、デスクに山積みになった書類の大半は、会議で使用された資料の残骸。そこには極めてコンフィデンシャルな情報が記載されていることだってあります。もはや**紙をめぐる問題は、会社の情報管理体制というレベルの問題**なんですよね。

筆者も、紙の資料が好きなんですが、こうした観点も頭に入れながら、ペーパーレスに取り組むしかありませんねぇ。

㊴すいません、ファイルが開かないんですが(汗)

オトナのイラモヤ

添付ファイルを暗号化してパスワード付きのZipファイルを送付する。分かるよ、情報漏えい防止のためでしょ。でもさ、パスワードを要求されただけで、なんか焦るんだよね。送ってきたパスワードもすごく複雑だから、けっこう打ち間違うし。わざと複雑にしてない？　え？ パスワードはコピペするのが常識だって？　それ早く言ってよ。

若手社員のホンネ

パスワードのコピペ、前にも説明したじゃないですか。ＩＴは難しいって毛嫌いしてるけど、こんなの初歩の初歩ですよ。だいたい業務に必要なスキルなんだし、身につけようとしないのは、怠慢だと思いますけど。

ＩＴは今や必須のビジネスツールです。

それなしでは、企業活動そのものに支障が出るケースも決して珍しくありません。

それでいくと、社会人であれば誰もができて当然であり、業務に必要なスキルだということになります。

にもかかわらず、できないというのは、身につけようとしないほうが悪い。

序章でもお伝えしたように、今どきの若者はデジタルネイティブです。ＰＣやタブレットといったツールは、学生時代から講義や論文で、あるいは就職活動で使用しています。

ＩＴスキル、リテラシーが高く活用に意欲的な若者からすると、冒頭のシーンのように、**「ＩＴに疎い＝怠慢」**であると感じてしまうのです。


そういう状況から生まれてきたのが**「テクハラ」**です。

テクノロジーハラスメントの略で、ＩＴ関連に疎く、ＰＣやスマートフォンなどの扱いが苦手な人へのいじめや嫌がらせのことです。

今では、なんでもハラスメントになってしまう時代ですが、数ある職場系ハラスメントは、ほぼ上から下へのものです。第2章のイラモヤ場面でも取り上げたように、今までは、上が「それ前に言ったよね！」、下が「えっ……」となってしまう。そういうベクトルのハラスメントでした。

しかし、この**テクハラに限っては、下から上のハラスメントがほとんど。**

デジタルツールの使い方を覚えられないオトナに、若手が「それ、前にも説明しましたよね」と発言する。で、オトナが「えっ……」とショックを受ける。今や、ＩＴを巡って、下からハラスメントを受ける時代になったのです。

テクハラは当初、ＩＴ機器に相当疎い一部の中高年社員が対象でした。

それこそ、メール１通送るのに時間をかけているオトナに対して、若者がイラモヤして「チッ」と舌打ちする。仕事ができるオトナほど、プライドが傷つけられる。こんなシーンが多かったんだと思います。

しかし、クラウドサービス利用の増加、コロナ禍での在宅勤務・テレワークの導入など、環境の変化に伴いＩＴ環境はあっという間に変わっていきました。

冒頭のファイルの送り方なんかも、その一例。

あの方式はＰＰＡＰと言って「パスワード(Password）付きzip」「パスワード(Password）送信」「暗号（Angou）化」「プロトコル（Protocol）」の頭文字をとったもの。長らくセキュリティ対策の定番でした。

それが今、その脆弱性について指摘されているのです。

デジタル庁は、「中央省庁の職員はＰＰＡＰ方式を使ってはならない」という方針を打ち出しました。我々オトナからすると寝耳に水です。「え？　せっかく覚えたのに、やり方が変わっちゃうの？」って感じじゃないですか。

イラモヤ解消法

ある程度リテラシーのあるオトナであっても、日々、アップデートされるＩＴには、追いついていけない状況になりつつあります。しかし、ここで一歩踏み出さないと、さらにその格差は広がっていきます。

こればっかりは、我々オトナが頑張って追いついていくしかないです。

テクハラの恐怖は、すぐ近くまで忍び寄ってきています（泣）。

㊵ＰＣ接続くらい、ちょっと手伝ってくれてもいいでしょ

オトナのイラモヤ

最近、会社のパソコンが変わった。あ、パソコンじゃなくて、最近はＰＣって言うのか。それはさておき、この設定ってどうやればいいの？　メールの設定とか、プリンターの接続とか、データのバックアップとか、さっぱり分かんない。恐る恐る若手に「ちょっと手伝ってよ」ってお願いしたら、すごく嫌な顔された。

若手社員のホンネ

設定だって、接続だって、一回くらいは手伝いますよ。でも一回手伝うと、これは？あれは？　それは？って、いつも頼ってきますよね。挙句の果てには、業務上のＰＣ操作だけでなく、プライベートのスマホの設定までお願いされたり。こっちはサポートセンターじゃないんですから。

「すいません、ファイルが開かないんですが（汗）」というイラモヤ場面で紹介したのは、「テクハラ」の事例でした。

最近では、実は**「逆テクハラ」**という言葉も話題になっています。これは、ＩＴ関連の知識が豊富で得意な社員に、そういった関連の作業を押しつけることを指します。

これは、**職場では上位の立場にある、かつＩＴへの苦手意識があるオトナ世代が、「ＩＴからは逃げよう、得意な若者にやらせればいいんだ」と開き直ったために起こる事象**でしょう。

人間誰しもプライドはあります。それは長年生きて積み重ねた経験があればなおさらです。新しいものを習得するためには、誰かに教えを乞うか、自身で身につける必要があります。

しかし、プライドが邪魔すると、部下などの若手には素直に聞くことができません。

勇気を出して聞きにいったとしても、ＰＣ設定など、ごく稀にしか発生しない業務は結局覚えられない。あるいは、教えてもらってもよく分からない。

だからといって、自身で身につけようと思っても、基礎知識が足りないし、情報があるのはネット上だったりするので、調べるのが難しい。

そこでつまずくと、代わりにやってもらおうという心理が働きがちです。

結果として、ITを若者に押しつけようとするオトナが大発生してしまうんでしょう。

・今までITとの接点が少なかった世代が、高圧的な態度を取りITから逃げている
・「分からなくて当たり前」「分かりやすくつくらないほうが悪い」は老害
・PCに詳しい＝何でもできると思っている。分からない設定も無理やりやらされる
・私物PCのセットアップなど、普通はお金を払ってやってもらうものへの感謝がないネット上では、こうした手厳しい声があふれています。

若手社員は、オトナのITに対する理解不足に対して、当然イラモヤしています。しかしそれ以上に、時間を奪われることにイラモヤしているのです。

一度や二度の質問は良いのですが、何度も同じことを聞かれる。代わりにやってと頼まれる。こうして業務を圧迫されることは、時間を大事にする若者にとっては、明らか

に貴重な時間を奪われる不当行為に他なりません。

ＩＴに詳しい人間が「強者」で、ＩＴに疎い人間が「弱者」。これがテクハラの温床になっていたわけです。

しかし**オトナの開き直りは、ＩＴに疎い人間が「強者」でＩＴに詳しい人間が「弱者」という立場の逆転構造を生んでしまった**のです。

むしろ、テクハラよりも逆テクハラのほうが発生ケースとしては多く、深刻なものが多いのではないでしょうか。

イラモヤ解消法

「すいません、ファイルが開かないんですが（汗）」でもお伝えしましたが、ここはオトナの頑張りどころ。

ちなみに、最低限のＩＴリテラシーは「Excel、パワポを使える」「リモート会議の設定」「書類のＰＤＦ化」「メールの設定」「スクリーンショット」だという声が大多数でした。この5つはマスターしましょう。あ、これ、筆者自身にも言ってます。

イラモヤの素　若手社員の生態解説

この時代にデジタルリテラシーが低いってのは、もはや仕事の怠慢です

合理的で、生産性を追求しながら働く。そして最短距離で成長したい今どきの若者。

一方で、他者への想像力を発揮した気配りや心遣いを重んじ、時には回り道することも成長につながると考えるオトナ世代。

ざっくりまとめると、これが第3章や第4章でお伝えしたイラモヤの構図でした。

両者のデジタルツールへの接し方にも、同じようなギャップが見受けられます。

例えば、イラモヤ場面でご紹介した「大事なメールを送ったんなら、ひと声かけるべきでしょ」とか「メールの『お世話になっております』、常識でしょ？」なんかは、こ

うした価値観の違いが如実に反映されています。

しかし、デジタルな若者vs.アナログなオトナという構図のベースにあるのは、やはりデジタルリテラシー（＝ＩＴリテラシー）の格差問題です。

本書でも再三お伝えしてきたように、今どきの若者はデジタルネイティブと言われる世代です。生まれたときからインターネットがあって、スマホ片手に育ってきました。高校や大学の授業でＰＣやタブレットにも触れています。

一方で、我々オトナ世代は、オトナになってデジタルツールを使わざるをえなくなった世代。**オトナと若者の間には、生まれたときから英語を聞きながら育った人と、大人になって英会話スクールで学んだ人との間にあるのと同じような格差がある**わけです。

アナログな手法に頼るオトナへの冷ややかな視線

Excelで売上表を作成して上司に提出したら、上司が電卓でひとつひとつ検算していた。

ある若手会社員から、こんな笑い話を聞きました。

Excelの関数を使いこなせない→計算式を間違えやすい→計算結果のミスが多発→なんとなく信用できない→手で計算し直す。こうした残念なオトナは少なくありません。

オトナが、デジタルツールへの苦手意識をこじらせてしまうのは、デジタルツールに全幅の信頼を置くことができず、つい従来のアナログな手法に頼ってしまうからです。

そんなオトナを、若者は冷ややかな視線で見ています。

おじさんたちは「気配りが大事なんだ」とか言うけど、あれって結局のところ、デジタルツールに不慣れであることの言い訳でしょ……。

「大事なメールを送ったんなら、ひと声かけるべきでしょ」のイラモヤ場面でお伝えしたように、こう感じている若者は少なくありません。

テクハラと逆テクハラ

序章でもお伝えしたように、若者はデジタルツールを駆使することで、オトナが培ってきた経験や知識を、軽々と飛び越えていきます。

つまり、**職場におけるオトナの経験値が、相対的に価値を失いつつある**のです。

こうした職場の空気感は、最近エスカレートしています。

ＩＴに詳しい人間が「強者」で、ＩＴに疎い人間が「弱者」という関係が形成され、「すいません、ファイルが開かないんですが（汗）」のイラモヤ場面にあるようなテクハラが生まれました。

一方で、**オトナもやられっ放しというわけにはいきません。**

威厳というか面子というか、自分たちの立場を保つために、「開き直り」という逆襲に出たのです。これによって、ＩＴに疎い人間が「強者」でＩＴに詳しい人間が「弱者」という立場の再逆転が起きました。

それが、「ＰＣ接続くらい、ちょっと手伝ってくれてもいいでしょ」のイラモヤ場面でもお伝えした逆テクハラのケースです。デジタルワールドの進化は、職場において、オトナと若者のマウントの取り合いを現出してしまいました。

そもそもITリテラシーとは？

なんだかんだ言って、第5章のデジタルvs.アナログに関するモヤモヤは、正直なところ、オトナに分が悪いですよね。筆者もITが苦手ですし、なかなか生きにくい時代になってきました。

最後に、改めてITリテラシーについて整理しつつ、我々オトナにとって大事なこととは何なのか、考えてみましょう。

いわゆるITリテラシーとして語られているのは、コンピュータリテラシーです。PCのタイピング、ショートカットキーの習熟、WordやExcelなどのOfficeアプリケーション活用など、コンピュータに関する知識と操作する技術を指す能力です。

デジタルネイティブと我々オトナの格差は、この項目が最たるもの。

最低限、「Excel、パワポを使える」「リモート会議の設定」「書類のPDF化」「メールの設定」「スクリーンショット」をマスターしましょうと、お伝えしたアレです。

しかし、（最低限のコンピュータリテラシーを習得したうえで）**我々オトナにとって必要なのは、むしろ情報リテラシー**かもしれません。

情報リテラシーとは、インターネット上などの多くの情報の中から正しく有益な情報を素早く見つけ出し、使いこなす能力のことです。

インターネットには、有益な情報とデマのような情報が玉石混淆のごとく存在します。情報があふれている今だからこそ、それらを正しく活用することが求められ、より重要視されるようになっています。

そう考えると情報リテラシーは、最も「川上」に位置するＩＴリテラシーとも言えます。

コンピュータリテラシーは、頑張ったとして、若者の足手まといにならないレベルが関の山でしょう。

情報リテラシーを磨くのだって大変ではありますが、自分たちの経験則も踏まえてアンテナを張っていくほうが、まだできそうな気がしませんか。

そのうえで**最も重要なのは、得た情報を吟味・活用し、答えに導いていくこと。**

これは、我々オトナが長年かけて磨いてきたスキルじゃないですか。そして、それは仕事をするうえで根幹をなすスキルです。

ここだけは、若者に負けちゃいけません。頑張りましょう。

終章

イラモヤ解消を超えて、もっとうまく付き合いたいなら

1 若手社員と良好な関係を築いていくために、こんなオトナ社員を目指そう

職場のイラモヤを解消する本当のゴール

有史以来、存在してきた「今どきの若いヤツは」論。

しかしながら、令和の職場を生きる我々オトナが感じる「今どきの若いヤツは……」というイラモヤは、先人たちのそれとは明らかに一線を画すレベルである。本書の冒頭や序章で、こうお伝えしてきました。

イラモヤの原因となるジェネレーションギャップは、「世代の分断」と言ってもいいくらい大きくなっている。それなのに、我々オトナがイラモヤを吐き出すことはかつてないほど難しくなった。

そんな受難の時代に生きるオトナ世代に、少しでもラクになってほしい――。

そんな思いを込めて、第1章から第5章まで、いろいろなイラモヤ場面を取り上げてきました。オトナと若者のすれ違いを冷静に考察しながら、個々の解消法を模索してきました。

少しでもストレスを解消でき、ちょっとはラクな気持ちで働けるようになりそう。そう感じていただければ、筆者としては無上の喜びです。

ここからは、今どきの若手社員と、さらに良好な関係性を築いていくためのコミュニケーションについてお伝えしていきます。

イラモヤが解消されることで、みなさんの日々が「マイナスからゼロ」の状態に近づいていく。そこから、さらに「ゼロからプラス」の状態に転じていこうという意味では、やや上級編にあたるかもしれません。でも、この本を手にとっていただいた方には、ぜひ知っておいていただきたい内容です。

いよいよ終章。**「若手社員の一人ひとりがイキイキと働き、組織に活力をもたらすコミュニケーション」**について、筆者が体系化したメソッドをご紹介していきます。

若者がイキイキと自走してくれる組織

我々オトナ世代からみて理想的な状態を考えてみましょう。

それは、**職場の若者が自ら能動的にイキイキと働いてくれる**ことじゃないですか。

そうすれば、いちいち細かい指示を出す必要がなくなり、こちらから気を遣って働きかけたり、逆に気を遣いすぎて言えなかったり、といった状況も大きく改善されます。


若者が自律自走していく。

よく言われる言葉ではありますが、こうなればオトナのイラモヤは限りなく減っていくはず。では若者がイキイキと働けるようになるには、どうすればいいのでしょうか。


そのキーワードが「エンゲージメント」です。

「エンゲージメント」は、本来「婚約、誓約、約束、契約」を意味する言葉です。

ここから派生して、職場における「エンゲージメント」とは、従業員の会社に対する

「愛着心」「帰属意識」「貢献意欲」を表すものとして、使われるようになりました。

エンゲージメントが高まると、「活力」と「熱意」がみなぎってくると言われます。

厚生労働省の「令和元年版 労働経済の分析」によると、エンゲージメントのスコアが高いほど、指示・命令がなくても、自律的に仕事に取り組んでいると答えた人のスコアが高くなる傾向が示されています。

エンゲージメントは、企業と従業員とが相互に影響し合い、共に必要な存在として絆を深めながら成長できるような関係を築いていくこととも定義されます。

この「相互に影響し合い」というのがポイントです。企業への「愛着心」があることによって「貢献意欲」が芽生える。だから企業は「愛着心」を感じてもらえるように頑張る。単に、従業員が仕事や職場や待遇に満足しているというだけでない相互関係です。

エンゲージメントが高い組織では、自組織に貢献したい従業員が、自律自走して意欲的に仕事に取り組むため、労働生産性も高まり業績向上が期待できると言われます。

こういう状況、理想的じゃないですか。

2　おさえておくべき4つのポイント

エンゲージメントツリー

若者が、自律自走してイキイキと働きだす。

そのためには、組織への「愛着心」「帰属意識」「貢献意欲」といったエンゲージメントが高い状態をどうやって作り出していくか。

エンゲージメントを高めていくためのメソッドについて、筆者なりに体系化したコミュニケーションプラットフォームが**「エンゲージメントツリー」**です。

働く人のエンゲージメントを高めるには、**「成長」を支援する意識**が重要です。

特に、今どきの若手社員が成長に敏感であることは、再三お伝えしてきました。

エンゲージメントツリー

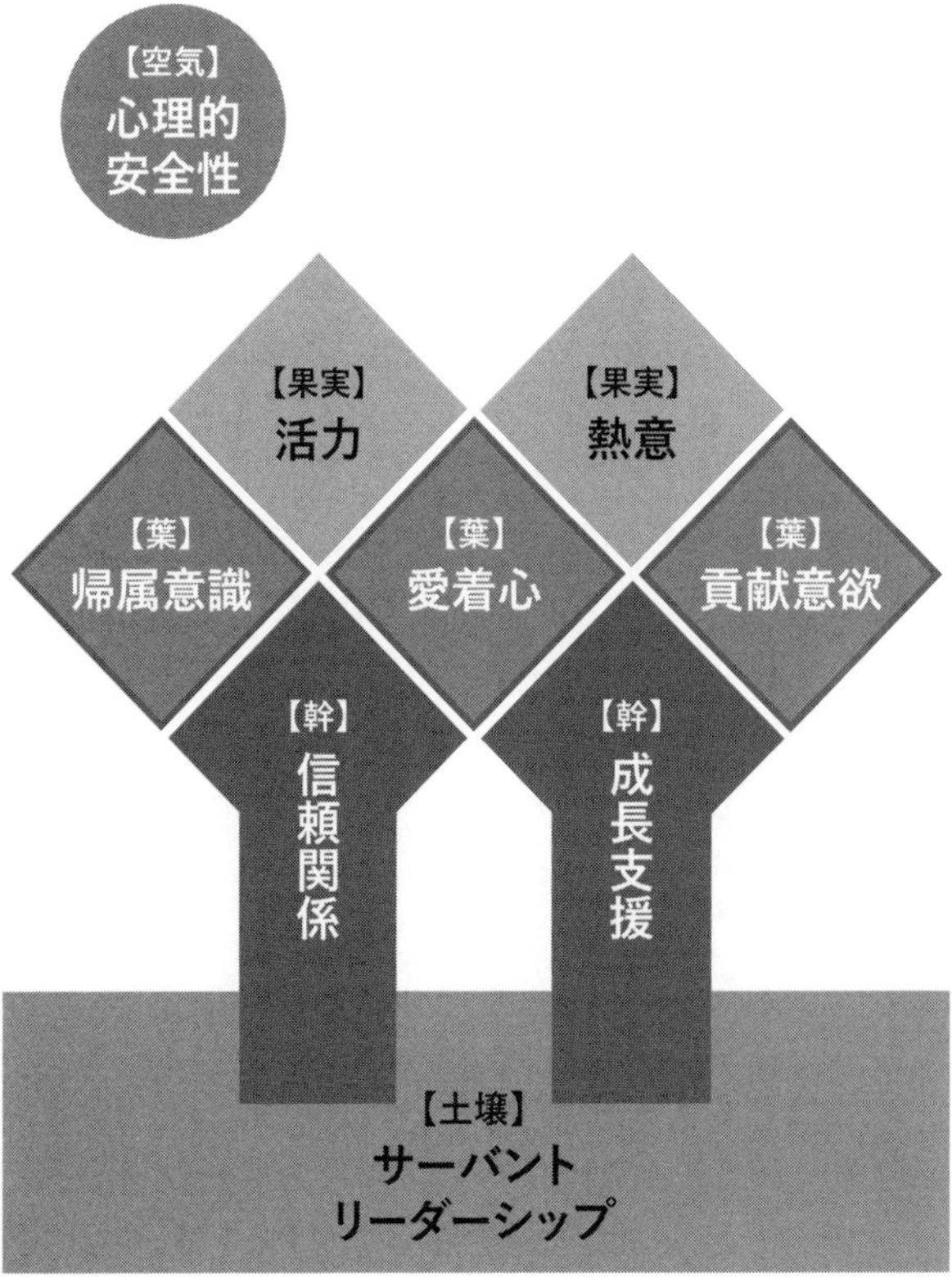

そして、**成長を支援する基盤となるのが「信頼関係」**を築こうとする意識です。

なぜなら、自分自身が、所属する組織において、素直に成長に向けて取り組もうとする根底には、企業や組織への信頼があってこそだからです。

エンゲージメントツリーとは、「愛着心」という葉、「帰属意識」という葉、「貢献意欲」という葉が青々しく茂り、さらに「活力」や「熱意」という果実が実っていく樹木をイメージしています。

そして、その幹となるのが、「信頼関係」を築くコミュニケーションスキルと、「成長」を支援するコミュニケーションスキルです。

さらに、その樹木が育っていくうえで、好影響をもたらすのが「心理的安全性」という空気（職場環境）と、「サーバントリーダーシップ」という土壌（接し方のスタンス）。

整理すると、若者が自律自走していくためには、

①職場環境として重要な空気感「心理的安全性」
②接し方のスタンスとして重要な土壌「サーバントリーダーシップ」

③「信頼関係」を築くうえでのコミュニケーションスキル
④「成長」を支援するうえで必須となるコミュニケーションスキル

の4つのポイントをおさえておくべきということになります。

注目を浴びる心理的安全性

組織マネジメントやチームビルディングの領域において、昨今、最もバズったワードのひとつが「心理的安全性」という心理学用語でした。

意味合いとしては、「他人の反応に怯えたり、羞恥心を感じたりすることなく、自然体の自分をさらけ出すことのできる環境」を指しています。

2015年にグーグル（＝アルファベット社）が、自社のプロジェクト運営研究結果から、「心理的安全性は、**成功するチームの構築に最も重要なもの**である」と発表したことから、注目を集めるようになりました。

心理的安全性が担保されると、メンバーは本来の自分を偽ることなく「ありのままの自分」をさらけ出すことができます。

言い換えると、若者が、自分の職場で「自分はここにいていいんだ」「何を言っても否定せずに受け止めてもらえるんだ」という居場所感を持てる環境があるということです。

安心して発言できるようになることで、チームで協力しあえる関係性が構築されます。お互いへの相互理解も深まり、信頼関係が育まれていくのです。

前述のように、今どきの若手社員は過剰なくらい忖度しています。同僚からバカにされないだろうか、上司から叱られないだろうか。彼らは常にまわりの目を気にしているのです。

だから彼らは、本音はしっかり持っているけれど、それを封印しがちです。

そんな若者を、精神的な呪縛から開放してあげるためにも、**心理的安全性は、今、最も求められる職場の空気感**と言えます。

リモートでの心理的安全性

打たれ弱いとされる若手社員に対するオトナ世代の「圧」がすごい。

そして、それが時折、パワハラにもなる。ビフォーコロナにおける職場では、こうした構図がある意味で一般的だったように思います。

つまり、心理的安全性という観点からすると、その「圧」を抑えることが、コミュニケーションのポイントだったわけです。

ところが、こうした職場事情は、コロナ禍でテレワークが進んだことによって、大きく変わりました。**今や、職場における課題は「濃縮された圧」ではなく、その真逆の「コミュニケーションの希薄さ」**です。

モニター越しだと、業務進捗確認が難しい。また会話も盛りあがりにくい。リモートでのコミュニケーションは、想像以上に真意や熱量が伝わりづらいものでした。

オフィスに出社することで担保されていたコミュニケーションを喪失してしまったこ

とにも気づきました。休憩室の自販機の前とかで、たまたま誰かに会う。そこで雑談が生まれる。こうした偶発的コミュニケーションは、リモートでは代替できません。

リモートで若者の心理的安全性を高めるには、意図的に談笑タイムを設ける、やりとりの頻度を増やすなど、「熱」を発するコミュニケーションがポイントなんです。

求む！仲間的リーダー

ここからは、土壌の話です。

「サーバントリーダーシップ」の「サーバント」は、英語で「召使い」という意味があります。奉仕の気持ちで接し、**どうすれば組織のメンバーが持つ力を最大限に発揮できるのかを考え、その環境づくりに邁進する**リーダーシップを指します。

オトナ世代にとってリーダーといえば、部下を強い統率力で引っ張っていく「支配型リーダーシップ」のリーダーをイメージするはずです。

強いリーダー像（時には強すぎるリーダー像）として、長らく日本において主流となっていたリーダーシップのあり方です。

ここまで再三お伝えしてきたように、若手社員は、こういう高圧的なリーダーシップは理不尽だと捉えがちです。彼らが理想とするのは「仲間的な上司」でしたよね。

そうした観点からも、この**サーバントリーダーシップが、今どきの若者と極めて相性がいい**のは、説明するまでもないでしょう。我々オトナにとって必要なコミュニケーションの土壌は、このスタンスなのです。

具体的に言うと、

- **細かく口を出すのではなく、若手社員に権限を与える**
- **若手社員の成功やプライベートの充実、健康に関心を示す**
- **良い聞き手、かつ情報共有を円滑にする良いコミュニケーターとなる**

サーバントリーダーシップを実践する行動は、こんな感じでしょうか。

3 取り組んでほしい5つのアクション

コミュニケーションとは、**才能ではなくスキル**である。

まさにこの言葉のように、コミュニケーション能力は後天的に獲得できるものだと、筆者は信じています。ここからは実践的な「コミュニケーションの技術」について、具体的にお伝えしていきましょう。

職場の若者がイキイキと自律自走するためのキーワードは、エンゲージメント。

筆者が体系化したのが、そのエンゲージメントを高めるためのコミュニケーションプラットフォーム「エンゲージメントツリー」でした。

少しおさらいすると、エンゲージメントツリーとは、「愛着心」「帰属意識」「貢献意欲」という葉が茂り、「活力」や「熱意」という果実が実る樹木。

「心理的安全性」という空気（職場環境）、「サーバントリーダーシップ」という土壌（接し方のスタンス）をベースに、我々オトナが取り組むべきアクションが、木の幹にあたる**「信頼関係を築き、成長を支援する」というコミュニケーション**なのです。

若者のエンゲージメントを高めるための具体的なアクションは、この5つです。

①挨拶をアップデートする
②きちんと傾聴し、さらりと自己開示する
③「怒り」を「叱る」に変える
④その仕事の目的を擦り合わせる
⑤耳の痛いことを伝えきる

次から具体的に解説していきます。そのうちのひとつでもいいので、ぜひ、アクションを起こしてみてください。

Action

①挨拶をアップデートする

科学的な挨拶の効能

相手を「承認」する最もベーシックな行動は何だと思いますか。

それは、ずばり「挨拶」です。

何をいまさら……と、感じる人も少なくないでしょう。

しかし、**挨拶は、脳科学や心理学の観点からも、相手を承認する行為として極めて有効であると再注目されています。**


挨拶の語源は仏教用語です。禅宗においての禅問答から転じて、尊敬や親愛の気持を表わす所作となりました。心理学的には「アナタに心を開きます。アナタはココにいていいんですよ。今、この瞬間お互いに顔を合わせることができてよかったですね」と相手に伝える無意識的意思表示とされます。

いやいや、挨拶なら毎日してますから。

そう思った方、どんな挨拶をしていますか。

挨拶はしているものの、視線はPCに向いたままという状況になっていませんか。小声で早口。こんな、おざなりな挨拶になっていませんか。

せっかくの挨拶も、やり方がイマイチだとまったく効果が得られないのです。

まずは、相手にしっかり向き合って、相手の目を見て、はっきりとした声で挨拶すること。これが正しい挨拶のポイントです。もちろん、表情は笑顔を意識してください。

挨拶するときに見せる笑顔には「相手を安心させる」という重要な役割があります。

比較行動学者のアイブル＝アイベスフェルト博士が行った「人間の挨拶」の研究によると、人種や文化を問わず共通する挨拶のパターンには、必ず「笑顔」が組み込まれているとのことです。つまり、人と出会った際に「笑顔」になるのは、人間の持つ本能的な行動なんです。我々は、無意識のうちに「笑顔」によって他人とのコミュニケーションを円滑に運ぼうとしているのです。

だから逆に「笑顔のない挨拶」だと、そこには一定の緊張感が生じます。そうなったとき、相手はあなたに対して不必要な不安や警戒心を抱いてしまうでしょう。笑顔によって消え去るはずだったネガティブな感情が、その先のコミュニケーションに大きな影響を及ぼすことになります。

そういった意味で、**挨拶における笑顔は、「できれば」ではなく「絶対」必要**なのです。

好意の返報性

笑顔には、相手からの好意を引き出す力もあります。

そもそも対人関係における笑顔とは、自分の中にある「喜び」や「楽しさ」といったプラスの感情が溢れたときに現れる表情です。

「この人といると安心するな」などと思ったときに、笑顔って自然と浮かんできますよね。つまり、笑顔は相手への好意の現れなのです。

そして、人はそうした「好意の現れ」としての笑顔を向けられると、自分自身もその相手に好意を抱くようになります。相手からの好意に対して好意で応えとする、人間のこうした心のメカニズムを「好意の返報性」と呼びます。

また、**名前を呼び掛けてから挨拶するのも効果的**です。

自分の名前が呼ばれたとき、自分のことを呼んだ人に対して好感を抱く。人間は無意識に自分の名前を好ましいものとして捉えているため、名前を呼ばれると自分に好意があるのではないかと考えるのです。笑顔と同様の「好意の返報性」が発動され、相手も自分に好意を持つようになります。

相手の目を見て、笑顔で、名前を呼んで挨拶する——。

とってもシンプルですよね。でも、この**積み重ねが少しずつ好意を引き出し、その好意が信頼につながっていく**のです。

Action

②きちんと傾聴し、さらりと自己開示する

人間の最大の罪は不機嫌

「ありのままの自分」をさらけ出すことができる職場。

こうした心理的安全性の重要性については、すでにお伝えした通りです。

自分の本音を話しやすい。

こう感じるのは、自分の話を聞いてもらえる環境があるからです。つまり**心理的安全性を高める第一歩は、相手の話をきちんと聞くということ**に他なりません。

繰り返しお伝えしてきましたが、今どきの若者は、常にまわりの目を気にしています。

だからこそ、困ったことを相談しやすい、ネガティブな状況を報告しやすい環境をつく

ることがカギ。若者がこうした気持ちになっていくかどうかは、オトナの腕の見せ所。

しかしながら、実態は、なかなかそうなっていないんじゃないでしょうか。

第2章の「もうちょっと前の時点で、早く相談に来てくれよ」というイラモヤ場面でもご紹介しましたが、**我々オトナは「話しかけにくいオーラ」を発していることが少なくありません。**心当たりがある方もいるんじゃないかと思いますが、本人たちが自覚しているよりも、実際には、もっと不機嫌に見えています。

人間の最大の罪は不機嫌である――。これは、ゲーテの残した金言です。確かに、仏頂面で不機嫌をまき散らすような状況に、心理的安全性が宿るはずがありません。

話をきちんと聞く。これを「傾聴のスキル」といいます。

「ねえ、人の話ちゃんと聞いてくれてる?」というイラモヤの解消法で少し触れましたが、**「聞く」のではなく「聴く」**のがポイント。ひと言で説明すると、相手に「あなたの話をしっかり聴いていますよ＝**あなたのことを受け止めていますよ**」と示すことです。

重要なのは、若手が悩みを話してくれたとき、すぐにアドバイスを送らないこと。まず、相手の言葉にじっくりと耳を傾けること。これが受け止めることにつながります。

傾聴には、たくさんのコツやスキルが必要とされますが、すぐに実施できる簡単なテクニックも多くあります。そのひとつが、うなずきやあいづち。また相手の目を見ながら聴くこと。こういうところから試してみましょう。

若手は自分の言葉で話しきることで、自分の思考の整理をすることができます。また、話をしっかり聞いてもらえることで、オトナに対して安心感と信頼感を抱きます。

自己開示とは鎧を脱ぐこと

しかし、なかなか本音をさらしてくれない若手社員が、仕事での悩み事や職場の人間関係について、そんなに簡単に語ってくれるわけがありません。

そこで重要になるのが、傾聴の前提となる「自己開示」です。

自己開示とは、文字通り自分に関するプライベートな情報を相手に話すこと。

相手に心を開いてもらうためには、自分が心を開かなければいけません。

相手から自己開示されると「こんなにさらけ出してくれたんだから、私も自分の話をしなきゃ」と感じ、自己開示をお返ししたくなる心理が働きます。

実は、**自己開示にも返報性のメカニズムが働く**のです。


職場という名の戦場で、日々「鎧」を着て戦ってきたオトナ世代のビジネスパーソンには、そのちょっとした自己開示が意外と難しいのかもしれません。

しかし、若者が求めるのは「上下の規律」ではなく「仲間としての関係」だとお伝えしてきたことを、思い出してください。

第5章でご紹介した**「テクハラ」も、実は、この自己開示でけっこう回避できます。**（ITに関して若者に頼りっぱなしになるのはマズいにしても）ITが苦手であると自己開示することで、若手との距離が縮まることは十分にありえます。

また「おじさん構文」のイラモヤ場面でもお伝えしましたが、むしろ**若手に「かわいい」と思ってもらえてナンボ**です。この際、鎧、脱いじゃってください。

Action

③「怒り」を「叱る」に変える

理想は怒りを後悔しないこと

若者と信頼関係を築くうえで、最も重要なコミュニケーションをひとつ選んでください。こう言われたら、なんと答えますか。筆者は、「怒り方」だと答えるでしょう。

傾聴と自己開示によって、若者との距離感が縮まったとします。

しかし、若者のミスに対して頭ごなしに怒鳴り散らしてしまったら、その努力は元の木阿弥。せっかく開かれかけた若者の心は、パタンと閉じてしまいます。

若者が安心してホンネをさらけ出せる「心理的安全性」の空気感を醸成するために、あるいは高圧的ではない「サーバントリーダーシップ」を実践するために、この「怒り方」のブラッシュアップは欠かせません。

理想的なのは、「怒られた！」じゃなく「叱ってもらえた！」と、若者に感じてもらえるようなコミュニケーションです。「すぐに病みそうで、キツく怒れないんですけど……」のイラモヤ場面でも触れましたが、実践していただきたいのが、**「アンガーマネジメント」**というメソッドです。

そして、うまく叱れるようになれば、「チャレンジをするのが嫌」あるいは「ダメ出しされるのを怖がって相談するのが苦手」といった若者の消極性を改善できるはず。

つまり、「ちょっとくらい失敗したっていいじゃん」や「もうちょっと前の時点で、早く相談に来てくれよ」で取り上げたイラモヤ場面の解消にもつながっていくのです。

ここでは、アンガーマネジメントを体系的に解説してみましょう。

・ＳＴＥＰ１～怒りの衝動をコントロールすること
・ＳＴＥＰ２～怒りの思考をコントロールすること
・ＳＴＥＰ３～怒りの行動をコントロールすること

アンガーマネジメントでは、叱り方をこのように3段階に構造化して捉えます。
そのゴール**は、「怒りを我慢すること」ではなく「怒りを後悔しないこと」**です。

イエローカードを出すときは、ブレずに

まずは、怒りの衝動をコントロールすること。これは6秒ルールのことです。「すぐに病みそうで、キツく怒れないんですけど……」のイラモヤ場面でお伝えしましたよね。

次が、思考の基準をコントロールすること。

そもそも人が怒りを覚えるのは、自分としてはこうあるべきだというこだわりを否定されたときです。こうあるべきだという「理想」を持っていること自体は、まったくもって悪いことではありません。

その「理想＝べき」を、しっかり可視化することです。**「許せる範囲」「なんとか許せる範囲」「これ以上は許せない」と、自分の「べき」を一回線引きして**みましょう。

そうすることで、自分が怒りを覚える基準が分かってきます。

そして、その**怒りの基準をルールとして、職場で明示しておく**のです。

そのうえで、ルールを破ったときには、しっかり叱る。

これが最後の、怒りの行動をコントロールすることです。

同じミスをしたとして、ある時は怒られなかったのに、ある時はガッツリ怒られる。若手が理不尽だと感じる瞬間です。しかし、これがブレているケースが実に多いのです。

審判に抗議するサッカー選手を思い描いてください。

ファウルの判定基準が曖昧だと、いくらイエローカードを出しても試合は落ち着かず、むしろ荒れ試合になって退場者が続出します。

逆に、事実に基づく判定基準がしっかりしていれば、選手は素直に話を聞いてくれますし、ファウルを犯さないように努めるようになります。

自分の理想を、感情をぶつけることなく、相手へのリクエストとして、ロジカルに伝えていく。これが「怒り」を「叱る」に変えていく本質です。

Action

④その仕事の目的を擦り合わせる

若者視点にたって、彼らにとってのメリットを伝える

信頼関係を築いていくためのアクションによって、若者との距離が縮まっていきます。いよいよここからは、成長を支援していくアクションについてお伝えしていきます。

無駄を排除しながら、最短距離で成長したいと考える超合理的な若者。

それに対し、一見無駄に見えるような仕事の進め方や、立ち止まって考えることこそが、成長につながるんだと説きたい我々オトナ。

「成長」に向かっていこうという観点では、両者共通しています。

しかし、そのアプローチが違うのです。

第3章「『それってやる意味あります?』が口癖』の若手社員のトリセツ」でご紹介したイラモヤ場面のほとんどは、こうした「無駄vs.合理性」の対立構造がベースになっていましたよね。

急がば回れ。この考え自体は、オトナの経験則から間違っていないとしても、言い方を間違えると、まったくもって若者には刺さりません。ただ単に「昔はこうだった」「自分はこうしてきた」という話をしても、「時代が違う」と片づけられて終わりです。

極めて論理的で合理的な若者には、やることすべてに、納得できる意味を求めるという習慣がしみついています。

だからこそ、本書における若者へのコミュニケーションの基本スタンスである「若者視点にたって、若者のためになる合理的な伝え方」が重要になってきます。

これは、オトナのイラモヤを解消するだけでなく、若者を成長へと導くコミュニケーションの第一歩でもあるのです。

この仕事が若者にとって、どんなメリットになるのかということを、きちんと合理的

に語る。なんのための仕事なのか想像してもらう。

オトナの言い分ではあるけど、自分たちにとっても価値がある。あるいは、なんだか琴線に響くインセンティブを感じてヤル気が出る。そう若者が感じる伝え方です。

若者の成長を念頭において会話するのであれば、こうした翻訳スキルが不可欠になってきます。

キラーワードは「成長する自由」

つまり、オトナと若者の間で、その仕事の目的を擦り合わせるコミュニケーションをきちんととっていきましょう、ということです。

では、若者との擦り合わせにおいて、有効なインセンティブとはどういうものか。

我々オトナ世代と圧倒的に違うのが、「お金」がインセンティブになりにくいということ。だから、「こうすればお給料が上がるよ」というメッセージは刺さりません。

重要なポイントを一言でいうと、「成長する自由」。

今どきの若者がお金よりも時間に価値を感じていることは、再三お伝えしてきました。自分にとって意義のある時間を、いかに自由に使えるか。

過度に口出しされることなく、自由裁量をもって働けることが、若者のヤル気を高めていくうえで最も重要な価値観であることは間違いありません。

だから、第3章の「ホント、言われたことしかやらないんだよなぁ……」でもお伝えしたように、言われたことに自分なりの工夫や配慮を加えて、「気配りのできる人」「自分の頭で考えられる人」という評価や信頼を積み重ねていくと、マイクロマネジメントが減るよ、というメッセージが有効なんです。

一方で、**気をつけないといけないのが、若手に「時間」を拠出してもらうとき。**「会議」にしても「朝会」にしても、先述のように彼らは、時間を奪われる場だと感じています。こうした場に若者をアサインするときには、その意味合いについて、我々オトナが思う以上に丁寧に語る必要があります。

Action

⑤耳の痛いことを伝えきる

スパイシーメッセージング

若者の成長に大きく寄与するのは、彼らに軌道修正を促すこと。

この**軌道修正コミュニケーションの本丸が、フィードバック**です。

フィードバックとは、もともと制御工学で使われている用語で、出力結果を入力側に戻し、出力値が目標値に一致するように調整することを指します。

つまりは、求める結果との「ズレ」と「その原因」を行動側に戻すこと。これは、仕事の場面において軌道修正を促すことに他なりません。

しかし、第2章の「キツく言うのもマズイけど、遠回しに言うと伝わらない」というイラモヤ場面でもご紹介したように、フィードバックは難しいコミュニケーションです。そもそも、求める結果との「ズレ」を指摘するわけですから、聞き手に耳の痛いことを伝えるシーンが多くなります。

フィードバックは、

・**パフォーマンスに対する「結果の通知」を行うこと（スパイシーメッセージング）**
・**パフォーマンスの「立て直し、学び直し」を支援すること（ラーニングサポート）**

というふたつの要素から成り立ちます。

「結果の通知」はスパイシーメッセージングと言われる、まさにほろ苦い（耳の痛い）ことをきちんと伝えるフェーズ。

フィードバックが難しいと感じるのも、この「スパイシーメッセージング」のコミュニケーションに対してです。

スパイシーメッセージングのコツは、**相手の言動や行動に対して、事実ベースで具体的に伝えること**。相手の言動や行動とは、すなわち、その相手が本気で変えようと思えば変えられる「DO」を指します。ここにフォーカスするのが原則なのです。

具体的には、「SBI」というメソッドで伝えます。SBIはS（シチュエーション、どのような状況で）、B（ビヘイビア、部下のどんな行動や振る舞いが）、I（インパクト、どんな影響をもたらしたのか）の頭文字をとったもの。

例えば、「S：ここ半年の営業実績の件だが」、「B：電話でのアポイント件数が1日平均10件に達していないようだ」、「I：その結果、営業実績が前年比4割下がってしまっている」などなど。ここを曖昧にしてしまうとまったく伝わらないので、できるだけ情報を具体的に客観的に伝えます。

立て直すための対話こそが本質

そのうえで、ラーニングサポートという「立て直し」のプロセスに移行します。

結果の通知ではなく、若者に寄り添って、立て直すことを主眼におく。そうすると、結果的に辛口なことも話しやすくなり、軌道修正すべき点が明確になります。

つまり、**フィードバックの本質とは、「立て直すための対話」**にあるのです。

このラーニングサポートのパートを「フィードフォワード」と呼ぶケースもあります。フィードバックのやり方をきちんと学んでいないと、目に付きやすい欠点や不足点ばかりを伝えたり、過去への指摘ばかりになっていたりすることがあります。

こういった事態を回避するためにも、結果という「過去」を通知するだけのフィードバックではなく、あえて「未来志向」をイメージさせるために「フィードフォワード」という言葉が使われるようになったようです。

フィードフォワードを行う場合には、必ず未来志向の質問を行って、「次回はどうするか？」へと落とし込むことがポイントです。

オトナ世代の個人的な経験や主観に基づいて、一方的にアドバイスするのではなく、まずは若者本人に一度質問して、自ら考えてもらいましょう。

人には、外から与えられた答えよりも、自分が出した答えのほうが納得しやすいという特性があります。ましてや、今どきの若者は、余計にその傾向が強い。あくまでも本人に考えてもらうことが重要です。

最後に、1on1に落とし込む

最後にお伝えしたいのは、ここまで伝授してきたコミュニケーションスキルを活用するシーンについてです。

まず、おさえておくべき4つのポイント

・**職場環境として重要な空気感「心理的安全性」**
・**接し方のスタンスとして重要な土壌「サーバントリーダーシップ」**
・**「信頼関係」を築くうえでのコミュニケーションスキル**
・**「成長」を支援するうえで必須となるコミュニケーションスキル**

信頼関係を築き成長を支援する。そのために取り組んでほしい5つのアクション

・**挨拶をアップデートする**
・**きちんと傾聴し、さらりと自己開示する**

・「怒り」を「叱る」に変える
・その仕事の目的を擦り合わせる
・耳の痛いことを伝えきる

もちろん、日常のあらゆる機会において、活用していただければよいのですが、何気ない会話の中で、今までお伝えしてきたノウハウを総動員するチャンスは、そうそう訪れません。逆に言うと、**意図的に対話のシーンをつくっていけば、「信頼関係を築き、成長を支援する」ためのコミュニケーションスキルが発揮されやすくなる**わけです。

意図的につくる対話のシーン。それは1on1ミーティングです。

1on1とは、文字通り一対一で行う定期的な面談のこと。一般的には、上司と部下という場面が多いですが、業務の進捗を確認する際に先輩と後輩で行う場合もあります。

一対一の面談なら、定期的にやってますよ。そうおっしゃる方も多いでしょう。しかしその面談はきちんと機能しているでしょうか。本来の目的を果たしているでしょうか。

従来の一対一面談といえば、社員を評価する人事面談がほとんどでした。

今では、対話としての1on1が推奨されてはいますが、そのやり方は人事面談時のスタイルと変わっていないことが多いのではないでしょうか。

上司の発言量が多く、上司の質問等に部下が答えるだけ。こうした一方的なコミュニケーションは、対話じゃありませんよね。


そもそも1on1の定義は、**「部下が抱えている悩みや将来的なビジョン等を理解したうえで、問題解決や気づきによる部下の成長をサポートする」**ための面談とされます。

「サーバントリーダーシップ」のスタンスで、「傾聴と自己開示」をする。面談に「心理的安全性」が生まれ、若者が本音や悩みを打ち明けやすくなる。これは「部下が抱えている悩みや将来的なビジョン等を理解する」に通じます。

あるいは、「業務の目的をしっかり擦り合わせ」たうえで、その進捗については、耳の痛いことであっても事実ベースで「フィードバック」する。そして、そこから「立て直しをサポート」する。これこそ「問題解決や気づきによる部下の成長をサポートすること」そのものです。


我々オトナが取り組むべき最後のアクション。

言い換えると、若者が自律自走する**「エンゲージメントツリー」を体現するラストピース。**それは、ここまで学んできたコミュニケーションのエッセンスを、1on1ミーティングに落とし込むことに他なりません。


ただし、お伝えしたことをすべて実践できなくてもかまいません。

もちろん、4つのポイントを理解したうえで、5つのアクション全部に取り組んでいただくに越したことはありませんが、このうち**ひとつでもふたつでもいい**んです。

自分が、参考になると思ったこと、苦手だから取り組んでみようと思ったこと。それを少し実践してみるだけで、職場の若手とほんの少しでも付き合いやすくなるはずです。

ぜひ、そんな感じで始めてみてください。

おわりに

「平賀さんほど厳しい上司はいませんでした」

筆者が長年勤めたリクルート時代、人事異動で別の部署に移った部下から、こんな声を聞きました。それも1人や2人ではなく、けっこうたくさん。苦笑。

怖い。不機嫌。理不尽。無茶ぶり。「厳しい」の裏には、いろんな意味合いがあったんじゃないかと思います。

仕事なんだから、厳しいのは当たり前。大事なのは熱量だ。

ガッツリ怒ることがあっても、それは仕事に対する本気度の証。

当時は、こんなスタンスで部下と接していました。

しかし、元部下たちの何人かは、こんな言葉をかけてくれることもありました。

「厳しいけど、また一緒に仕事したいと思わせてくれる上司でした」

仕事に本気だからこそ、部下自身もアツくなれる。要望が高いからこそ成長できる。そんなふうに彼らは感じてくれていたんじゃないか。素直に嬉しく受け取っていました。そして、その言葉に支えられてか、恥ずかしながら、自分はメンバーのヤル気を引き出し、彼らのパフォーマンスを極限まで発揮させることができる「優秀な上司」だと、自負していました。

しかし、これがまったくの勘違いであったことを、後々、思い知らされます。リクルートを卒業したあと、仕事に対する熱量をぶつけていく自分のマネジメントが通じなかったのです。

そうなんです。優秀だったのは自分ではなく、部下たちだったのです。よくも悪くも、リクルートは自律自走して働く人が多い会社です。本気度の高いメンバーは自ら成長し成果を出していきます。

そんなカルチャーが根付いているからこそ、マネジメントがラフであろうがタフであろうが、うまく回っていたんですね。

これはショックでした。

マネジメントに自信を失くすと、途端に部下や若手社員とのコミュニケーションが難しいと感じるようになります。腰の引けた感じで接するから、余計にイラモヤするという悪循環。一番の問題は、ストロングポイントだった「熱量」への確信が揺らいだことで、人としての自信も失くなっていったことです。あのときはキツかった……。

しかし、実は、今はすこぶる健全なコンディションです。

自律自走し始めた若手と一緒に働いているからです。

なぜ、そんな状況が生まれたのか。

それは、筆者が本書でご紹介させていただいた「エンゲージメントツリー」のメソッドを、愚直に実践してきたからだと思っています。

もともとの、力まかせの熱苦しいコミュニケーションを変えていくのは、それなりに大変ではありましたが、とにかく心理的安全性を意識することで、少しずつ相手の視点にたったスタンスを会得していくことができました。

5つのアクションで特に意識したのは、「『怒り』を『叱る』に変える」「その仕事の目的を擦り合わせる」ですかね。とにかく丁寧なコミュニケーションを心掛けました。


やっぱ、イラモヤしないって、いいんですよね。

若手が自ら動いてくれるから、細かく指示する必要もない。言われたこと以上のことをやろうとしてくれるから、自然に感謝と賞賛の気持ちが芽生えます。

そして、それを伝えることで、さらに絆が強まるんです。


おっと、ここでまた調子に乗ってはいけませんね（苦笑）。

メンバーが、自身でスイッチを入れて、自律自走を始めた。自分はそのサポートをしたにすぎない。そういう認識こそが、サーバントリーダーシップの基本ですから。

平賀充記

PHP
Business Shinsho

平賀 充記（ひらが・あつのり）

組織コミュニケーション研究家。人材コンサルタント。

1963年、長崎県生まれ。同志社大学卒業。1988年、株式会社リクルートに入社。人事部門で新卒採用を担当。NY駐在員などを経て「FromA」「FromA_NAVI」「タウンワーク」「とらばーゆ」「ガテン」などの編集長を歴任。2008年からは主要求人媒体統括編集長を務め、日本における求人メディア隆盛の一端を担う。2012年、リクルート分社化で株式会社リクルートジョブズ メディアプロデュース統括部門担当執行役員に就任。

2014年に同社を退職、株式会社ツナグ・ソリューションズ（現ツナググループ・ホールディングス）取締役に就任。2015年には、ダイバーシティワーカーに関するシンクタンク「ツナグ働き方研究所」を設立、所長に就任。専門分野は人材採用、人材開発、組織開発。活躍人材を育てる職場マネジメント、採用定着ノウハウ・オンラインリクルーティング、リモートワークコミュニケーション、人生100年時代のキャリアデザインなど、人材領域を幅広く網羅した知見を持つ。特に若者マネジメントには造詣が深い。

「東洋経済オンライン」「読売新聞オンライン」など寄稿多数。著書に『非正規って言うな!』（クロスメディア・パブリッシング）、『神採用メソッド』（かんき出版）、『なぜ最近の若者は突然辞めるのか』（アスコム）などがある。

図版作成：桜井勝志

PHPビジネス新書 437

イライラ・モヤモヤする
今どきの若手社員のトリセツ

2022年3月29日　第1版第1刷発行

著　　者　平賀充記
発 行 者　永田貴之
発 行 所　株式会社ＰＨＰ研究所
東京本部　〒135-8137　江東区豊洲5-6-52
第二制作部　☎03-3520-9619(編集)
普及部　☎03-3520-9630(販売)
京都本部　〒601-8411　京都市南区西九条北ノ内町11
PHP INTERFACE　https://www.php.co.jp/
装　　幀　齋藤 稔(株式会社ジーラム)
組　　版　有限会社エヴリ・シンク
印 刷 所　株式会社光邦
製 本 所　東京美術紙工協業組合

ISBN978-4-569-85173-0

「ＰＨＰビジネス新書」発刊にあたって

わからないことがあったら「インターネット」で何でも一発で調べられる時代。本という形でビジネスの知識を提供することに何の意味があるのか……その一つの答えとして「**血の通った実務書**」というコンセプトを提案させていただくのが本シリーズです。

経営知識やスキルといった、誰が語っても同じに思えるものでも、ビジネス界の第一線で活躍する人の語る言葉には、独特の迫力があります。そんな、「**現場を知る人が本音で語る**」知識を、ビジネスのあらゆる分野においてご提供していきたいと思っております。

本シリーズのシンボルマークは、理屈よりも実用性を重んじた古代ローマ人のイメージです。彼らが残した知識のように、本書の内容が永きにわたって皆様のビジネスのお役に立ち続けることを願っております。

二〇〇六年四月

ＰＨＰ研究所